入学讲堂书系·人生大学知识讲堂

文化与人生

扮靓人生的素养

拾月　主编

主　编：拾　月
副主编：王洪锋　卢丽艳
编　委：张　帅　车　坤　丁　辉
　　　　李　丹　贾宇墨

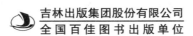
吉林出版集团股份有限公司
全国百佳图书出版单位

图书在版编目（CIP）数据

文化与人生：扮靓人生的素养 / 拾月主编. -- 长春：吉林出版集团股份有限公司，2016.2（2022.4重印）

（人生大学讲堂书系）

ISBN 978-7-5581-0744-3

Ⅰ.①文… Ⅱ.①拾… Ⅲ.①中华文化－青少年读物②人生哲学－青少年读物 Ⅳ.①K203-49②B821-49

中国版本图书馆CIP数据核字（2016）第041320号

WENHUA YU RENSHENG BANLIANG RENSHENG DE SUYANG

文化与人生——扮靓人生的素养

主　　编	拾　月	
副 主 编	王洪锋　卢丽艳	
责任编辑	杨亚仙	
装帧设计	刘美丽	

出　　版　吉林出版集团股份有限公司

发　　行　吉林出版集团社科图书有限公司

地　　址　吉林省长春市南关区福祉大路5788号　邮编：130118

印　　刷　鸿鹄（唐山）印务有限公司

电　　话　0431-81629712（总编办）　0431-81629729（营销中心）

抖 音 号　吉林出版集团社科图书有限公司　37009026326

开　　本　710 mm×1000 mm　1 / 16

印　　张　12

字　　数　200 千字

版　　次　2016 年 3 月第 1 版

印　　次　2022 年 4 月第 2 次印刷

书　　号　ISBN 978-7-5581-0744-3

定　　价　36.00 元

如有印装质量问题，请与市场营销中心联系调换。0431-81629729

"人生大学讲堂书系" 总前言

　　昙花一现，把耀眼的美只定格在了一瞬间，无数的努力、无数的付出只为这一个宁静的夜晚；蚕蛹在无数个黑夜中默默地等待，只为了有朝一日破茧成蝶，完成生命的飞跃。人生也一样，短暂却也耀眼。

　　每一个生命的诞生，都如摊开一张崭新的图画。岁月的年轮在四季的脚步中增长，生命在一呼一吸间得到升华。随着时间的推移，我们渐渐成长，对人生有了更深刻的认识：人的一生原来一直都在不停地学习。学习说话、学习走路、学习知识、学习为人处世……"活到老，学到老"远不是说说那么简单。

　　有梦就去追，永远不会觉得累。——假若你是一棵小草，即使没有花儿的艳丽，大树的强壮，但是你却可以为大地穿上美丽的外衣。假若你是一条无名的小溪，即使没有大海的浩瀚，大江的奔腾，但是你可以汇成浩浩荡荡的江河。人生也是如此，即使你是一个不出众的人，但只要你不断学习，坚持不懈，就一定会有流光溢彩之日。邓小平曾经说过："我没有上过大学，但我一向认为，从我出生那天起，就在上着人生这所大学。它没有毕业的一天，直到去见上帝。"

　　人生在世，需要目标、追求与奋斗；需要尝尽苦辣酸甜；需要在失败后汲取经验。俗话说，"不经历风雨，怎能见彩虹"，人生注定要九转曲折，没有谁的一生是一帆风顺的。生命中每一个挫折的降临，都是命运驱使你重新开始的机会，让你有朝一日苦尽甘来。每个人都曾遭受过打击与嘲讽，但人生都会有收获时节，你最终还是会奏响生命的乐章，唱出自己最美妙的歌！

正所谓，"失败是成功之母"。在漫长的成长路途中，我们都会经历无数次磨炼。但是，我们不能气馁，不能向失败认输。那样的话，就等于抛弃了自己。我们应该一往无前，怀着必胜的信念，迎接成功那一刻的辉煌……

感悟人生，我们应该懂得面对，这样人生才不会失去勇气……

感悟人生，我们应该知道乐观，这样生活才不会失去希望……

感悟人生，我们应该学会智慧，这样在社会上才不会迷失……

本套"人生大学讲堂书系"分别从"人生大学活法讲堂""人生大学名人讲堂""人生大学榜样讲堂""人生大学知识讲堂"四个方面，以人生的真知灼见去诠释人生大学这个主题的寓意和内涵，让每个人都能够读完"人生的大学"，成为一名"人生大学"的优等生，使每个人都能够创造出生命中的辉煌，让人生之花耀眼绚丽地绽放！

作为新时代的青年人，终究要登上人生大学的顶峰，打造自己的一片蓝天，像雄鹰一样展翅翱翔！

"人生大学知识讲堂"丛书前言

易中天曾经说过:"经典是人类文化的精华,先秦诸子,是中国文化遗产中经典中的经典,精华中的精华。这是影响中华民族几千年的文化经典。没有它,我们的文化会黯然失色;这又是我们中华民族思想的基石,没有它,我们的思想会索然无味。几千年来,先秦诸子以其恒久的生命力存活于人间,影响和激励了一代又一代人。"

人创造了文化,文化也在塑造着人。

社会发展和人的发展过程是相互结合、相互促进的。随着人全面的发展,社会物质文化财富就会被创造得越多,人民的生活就越能得到改善。反过来,物质文化条件越充分,就又越能推进人的全面发展。社会生产力和经济文化的发展是逐步提高、永无休止的历史过程,人的全面发展也是逐步提高、永无休止的过程。

青少年成长的过程本质上是培养完善人格、健全心智的过程。人的生命在教育中不断成长,人通过接受教育而成为人。夸美纽斯说:"有人说,学校是人性的工场。这是明智的说法。因为毫无疑问,通过学校的作用,人真正地成为人。"不可否认,世界性的经典文化是千百年来流传下来的文化遗产与精神财富,塑造了人们的文化精神及思想品格，教育中社会性的人际生命与超越性的精神生命都是文化传统赋予的。经典的文化知识是塑造人生命的基本力量，利用传统文化经典对大学生进行生命教育不仅必要而且可能。

经典知识尤其是思想类经典，具有博大的生命意蕴，可以丰富人的精神生命。儒家经典主要有"四书五经"，讲求正心、诚意、格物、致知、修身、齐家、治国、平天下，从成己而成人，着重建构人的社会性生命。道家经典以《道德经》《庄子》为代表，以得道成仙、自然无为为旨归，侧重人的精神生命。佛教禅宗经典以《坛经》为代表，以明心见性、顿悟成佛为核要，直指人的灵性存在，侧重生命的超越性。

传统文化经典蕴含丰富的生命智慧，有利于提升人格，涵养心灵。中国传统文化蕴含丰富的人生智慧，例如道家的重生养生、少私寡欲；儒家的自强不息、厚德载物；佛家的智悲双运、自利利他等思想，对于引导青少年确立生命的价值与信念，保持良好心境，处理人际关系，提升青少年的修养，不无裨益。

为了更好地帮助青少年在人生成长过程中得到经典知识文化的滋养，使世界先进的文化知识在青少年群体中形成良好传播，我们特别编撰了"人生大学知识讲堂"系列丛书，此套丛书包含了"文化与人生""哲学与人生""智慧与人生""美学与人生""伦理与人生""国学与人生""心理与人生""科学与人生""人生箴言""人生金律"10个方面，丛书以独到的视角，将世界文化知识的精髓融入趣味故事中，以期为青少年的身心灌注时代成长的最强能量。人们需要知识，如同人类生存中需要新鲜的空气和清澈的甘泉。我们相信知识的力量与美丽。相信在读完此书后，你会有所收获。

第1章　修身养性，齐家治国：儒家文化与人生

第2章　从心开始，大彻大悟：释家文化与人生

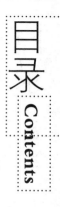

第5章 打破传统，推陈出新：先进文化与人生

第6章 兼容并蓄，西学中用：西方文化与人生

第7章　实现中国梦，青春勇担当：青年文化与人生

第 1 章

修身养性, 齐家治国: 儒家文化与人生

儒家智慧包含着千古不朽的人文精神。仁爱、和谐、诚信、中庸等儒家智慧, 历经千年文化变迁, 久经社会实践的考验, 成为有利于人类生存发展及社会进步的精神财富。人的能力, 并非与生俱来。中国人的能力, 跟祖先的思想启蒙是分不开的。由于诸家的起源不同, 各自的价值取向自然也不尽相同。儒家思想是中国传统文化的主流, 也是中国人安身立命的基石。

第一节　非天下以奉一人
——民贵君轻

"群众利益无小事"。这是"民为贵"最贴切的体现，是古代社会君王亲民、爱民、为民的庄严承诺，也是一个政权视群众为"上帝"的誓言。

群众利益无小事

无论在古代还是在当代，群众一直都是社会的基础。国家的血脉和民族的力量在于群众。人民群众是社会的主体。关心人民群众的利益是构建和谐社会的"重头戏"。

历朝历代，凡是比较稳固的政权，大体上都把人民群众的利益摆在根本的地位上。我国历史上十分推崇"民为邦本，本固邦宁"的思想，在春秋战国时，它甚至成为有识之士的一股强劲的思想潮流。

《战国策·齐策》还专门记载了一则"民贵君轻"的故事：

齐王派使臣出访赵国，拜会了赵威后。赵威后接过国书，没有马上拆阅，而是向齐国使臣问道："你们齐国年景好吗？百姓好吗？国王好吗？"

文
化
与
人
生
——
扮
靓
人
生
的
素
养

齐使听了很不高兴，反问道："我是奉敝国国王之命，前来访问贵国的。你先问年景和百姓，而后问国王，这岂不是先贱后贵，贵贱颠倒吗？"

赵威后从容地回答说："不然。如果没有好年景，哪里还有百姓的好日子？如果没有百姓，哪里还有什么国王？所以，我就这样问候了。难道你还要我舍本问末、本末倒置吗？"

孔子推崇"仁"为政治上的主要思想。孟子继承了他的教诲，而且还从中阐发出了"仁心""仁政"两大理论，比孔子的政治思想完善了许多。他认为，"仁"心就是起源于性善的。所谓"人之初，性本善"，说的就是这个道理。显然，孟子是秉持"性善论"的，而且还从仁心引申出了仁、义、礼、智四种道德准则，恰好可以与人类天赋本身的恻隐、羞恶、恭敬、是非之心逐一对应。在孟子看来，"仁"心就是人类所共有的天赋，圣贤只是在后天再度扩大了人类本性的善而已。人人都争相做君子，而不想当小人，就是因为君子能够忍受那些常人所不能忍受的事情。古代的贤王尧、舜都被儒家视为圣人，既然"仁"心相同，那么每个人都可以做到尧舜的境界。

孟子还将他的"仁"心思想推而广之，贯彻到政治理念之中，认为仁政者应以不忍之心施行"推恩"之政，即从一个小的诸侯国到全天下，人都广施仁爱，恩惠他人。所谓"亲亲而仁民，仁民而爱物"，从这个理念可以看出，孟子的政治思想还是继承于他的先师孔子。

孟子推行的仁政，主要是围绕"教养"二字展开的。不过，孟子的"养民之论"在先秦还是绝无仅有的，而且事无巨细，比孔子的论述更为实际和详细。例如让君主节制用度就有这样的劝告，"谷与鱼鳖不可胜食，材木不可胜用，是使民养生丧死无憾也。养生丧死无憾，王道之始也。五亩之宅，树之以桑，五十者可以衣帛矣……百亩之田，勿夺其时，数口之家可以无饥矣"，这说的就是要提高百姓的生活水平；"有布缕之征，粟米之征，力役之征，君子用其一而缓其二"，这意在减轻农民的苛捐杂税。除此之外还有"止争战""正经界"等策略，还有"与民同乐"的主张，"乐民之乐者民亦乐其乐，忧民之忧者民亦忧其忧。乐以天下，忧以天下"。即便是孔子，也没有类似的言论。孟子认为，君主如果能够施行"推恩"之术，那就是一种"仁政"的极致了。所以他对那些不能尽养民之责的君主毫不客气，极尽讥讽之能事，因而有了"民为邦本"的论断。

纵观历史长河，诸侯与江山社稷都是充满变数的，正所谓水能载舟亦能覆舟，一国之中不能动摇的唯有人民。孟子不仅把人民看作是政治的目的，也把人民看作是政治的主体。"民贵说"振聋发聩，也是战国时代一般思想人士所不敢言的，即使是孔子也未敢明说其意。何况孔子私下里还有过一番"民可使由，不可使知"的论调。尽管孔子也推广其君子行仁、由近及远的理想，也是倾向于将君民视为一体的。不过，至少孟子敢于说出君主与人民之间的对立，阐明"民为贵，社稷次之，君为轻"的道理。人民是政治的主体，而国家只是存在的形式而已。

孟子揭示出君主的职责和文武百官并没有什么不同，君臣同类，如果失职的话理应下台。孟子在评论武王伐纣这一历史事件时认为，"贼仁者谓之'贼'，贼义者谓之'残'。残贼之人谓之一夫。闻诛一夫纣矣。未闻弑君也"。孟子的意思十分明确，如果一国之君成了"独夫民贼"，成了暴君，那就可杀而代之，"暴君可杀"由此而来。

得民心者得天下

孟子认为，以民为贵，所以非常重视民意，把民心之向背作为政权转移和政策取舍的最终标准。所谓"得民心者得天下，失民心者失天下"就是这个道理。正如历史或传说的那样，尧、舜、禹、汤得了天下，之后或传贤，或传子，或禅让，或征诛，虽然打着天命的旗号，实际上还是人民的意志，至少是众望所归。著名教育家萧公权说："在孟子的思想里，人民就是一国主权的寄存者。不仅仅只是在君主存废之时，民心可以决定一切，即使在平时，国家政治也应该听取人民的舆论或意志。"

事实上，民贵君轻之论，并非孟子首创。《左传》曾记载了晋人诛杀厉公的史实："夫君，神之主也，民之望也。若困民之主，匮神乏祀，百姓绝望，社稷无主，将安用之，弗去何为？"可见，民贵之论到了孟子的时代，已经隐没了很久，也可算是旷古绝学了。战国时期，君主专制的暴政已经使人民深受涂炭之苦，孟子重提"民贵君轻"之说，也是对暴政发出的有利抗争。虽然还不可能被当时的君主用作反省的告诫，但是此后两千多年来，每当世衰国乱之时，孟子的"弑君"之论便会获得天下民众的回响，与老庄的"无君"思想遥相呼应，影响深远。

孟子的"民贵君轻"思想主要体现在以下几个方面：

其一，重民。这是"民贵君轻"思想的根本出发点。提出政治上要以民为本。他最早提出"民为贵，社稷次之，君为轻"的思想，这在中国古代社会是非常可贵的。他总结历代王朝兴废存亡的经验和教训，明确得出："得天下有道：得其民，斯得天下矣；得其民有道：得其心，斯得民矣；得其心有道：所欲与之聚之，所恶勿施尔也"的治国之道。

他还一再告诫统治者要与民同忧共乐，"乐以天下，忧以天下"。他强调以"仁政""贵民"的思想治理国家，要求君主自身有德行。孟子认为，"君仁莫不仁，君义莫不义，君正莫不正。一正君而国定矣"。

其二，惠民。这是"民贵君轻"思想的深入阐释。孔子曾提出"修己以安百姓""博施于民而能济众"（均见《孟子》）的主张，要求统治者克制私欲，广施恩泽以让人民安居乐业。孟子继承它并且发扬光大，他强调人民的生存权，必须保证百姓"不饥不寒""养生丧死无憾"，否则，无异于"率兽而食人"的"独夫民贼"。他强调主政者应设身处地地为民着想，予民惠泽，忧民之忧，乐民之乐，把民本思想升华到一个相当自觉的政治道德境界。

其三，爱民。这是"民贵君轻"思想的最终归宿，他要求君主自身有德行。孟子认为，"君仁莫不仁，君义莫不义，君正莫不正。一正君而国定矣"。他批判统治者横征暴敛，荒淫无度，不关爱百姓，无视人民利益，以致"狗彘食人食而不知检，涂有饿莩而不知发"。只有仁政爱民，方能"得民心者得天下"。

其四，教民。即教化百姓，这是"民贵君轻"思想的积极方式。孟子认为，好的政治不如好的教化更能够赢得民心。孟子认为教民是维持社会稳定的重要手段，只有通过对民众进行教化，才能做到"父子有亲，君臣有义，夫妇有别，长幼有序，朋友有信"。这样社会也将安宁太平，如此，"然而不王者，未之有也"。

近年来，我国政府出台了免征农业税、扩建经济适用房、优待下岗工人就业、完善新型农村合作医疗、免收义务教育"三费"等一系列惠民利民政策，并明确提出：学有所教，劳有所得，病有所医，老有所养，住有所居，让人民群众共享改革开放的成果。

在2008年汶川特级大地震发生后，从中央到地方，主要领导人身先士卒，以救人为第一原则；有些领导在第一时间赶赴并亲临灾区现场，冒着余震频发的危险，指挥抢救。这些都体现了我国"为人民谋利益"的宗旨。

孟子的"民贵君轻"思想，是中华民族很早就留下的一笔宝贵精神财富，应当予以肯定和发扬。他的思想在一定程度上反映了当时人民的愿望和要求，不仅在当时的历史条件下具有积极的意义，而且影响了其后两千年的中国封建社会，使得一些明君认识到人民的力量，"君者，舟也；庶人，水也。水则载舟，水则覆舟。"民众有力量推举出一个君，也有力量把君推翻。

"群众利益无小事"是一篇"大块文章"。上动下不动不行，需要上上下下合力去行动。"群众利益无小事"，涉及方方面面，大至生老病死、衣食住行，小至柴米油盐酱醋茶，统统都是不可忽视的事情。凡是群众的正当需求，都必须动真情，认真办好。"一枝一叶总关情"！

第二节　君子躬践有恒
——修身之道

滴水穿石，无坚不摧。人生在世，人们的追求之梦，常常封锁在环境的橱窗里，被时间之神保护着。要实现这个梦，就必须用全部的生命力和它搏斗，以胜利者的姿态把它夺过来，使它成为日常生活中不可缺少的东西，直到生命的最后一刻而终止。是故，孔子坚持事业之道不可浮光掠影、三心二意，用他的话来说，就是贵在"有恒"二字。

恒心是成功的根本

孔子说，善人，我从来没有见过，能见到有恒心的人，就可以了。把没有当作有，把虚充当为盈，将约以为泰，难以有恒心了。

"冰冻三尺，非一日之寒"，一日暴之，十日寒之；一日而作，十日所辍，成功的概率，几乎等于零。想求速达，就难以满足妄想的急切心情，就难以把事业夯实。达不到心理上的要求，就容易灰心丧气。灰心丧气机会就会渺茫，就容易辍业或者改业，也就不具有恒心了。无恒心则事业难成，想速达也不会达。所以说：时间想它快而功力不想它快，功力想它快，而效果不想它快。早熟便是小才，大器必然晚成，积累的越丰富，成就便越大，日积月累，坚持不懈，就会年年精进，这就要靠君子的恒持之心。

所以孔子又说："恒心大，没有错，利益坚定，同时利也就有所来到了。"此乃躬践有恒，必有所得也。

开学第一天，古希腊大哲学家苏格拉底对学生们说："今天咱们只学一件最简单的事，大家把胳膊尽量往前甩，然后再尽量往后甩。"

说着，苏格拉底示范了一遍："从今天开始，每天做 200 回。大家能做到吗？"学生们都笑了：这么简单，有什么做不到的？

过了一个月，苏格拉底问学生们："每天甩手 200 回，哪些同学坚持了？"有九成的同学骄傲地举起了手。

又过了一个月，这回，坚持下来的学生只剩下七成。一年过后，苏格拉底再一次问大家："还有同学坚持吗？"这时，整个教室里，一片寂静，只有一只手慢慢举了起来。苏格拉底走过去，对那个学生说："孩子，你将成为一代宗师！"果然，这个学生后来成了古希腊另一位大哲学家，他就是柏拉图。

恒心最简单，却是一种成功的基础；恒心最机械，却是一种生命的积累，一种生存的智慧。是故，恒心造就了柏拉图。

恒心是成功的根本。天下的事最难的不过十分之一，能做成的有十分之九。是故，能持之以恒者往往就是生命的智者。

被称为"短篇小说之王"的法国作家莫泊桑，到30岁时，还没有一篇作品发表。他开始丧失信心，不再练习写作，想改行经商。他姐姐批评他缺乏恒心，并建议他去拜访比他年长29岁的福楼拜。

福楼拜是当时享誉文坛的大作家，他和蔼地接待了来访的莫泊桑，让莫泊桑进入书斋，指着自己的作品说：当初我也跟你一样灰心过、动摇过，但最后还是坚持下来了，重要的是要有信心、恒心。回家后，莫泊桑继续埋头练习，勤作不辍，不久就发表了自己的处女作《羊脂球》，从此便一发而不可收了。他一生写了三百多篇短篇小说，六部长篇小说，三部游记以及许多关于文学和时政的评论文章。

常听到有人羡慕别人多么幸运，进而感慨自己的运气如何不好。其实所谓交好运的人，必定是不轻言放弃的人。只有在困难面前不低头、永不放弃，对人生目标有追求的人，才能把握住成功的机会。张志谦就是这样一个凭借坚韧不拔的意志而摆脱命运阴影的成功者。

学生时代的张志谦由于学习成绩很出色，被保送升入河南师范大学。但当他看到昔日学习成绩远不如自己的同学，一个个戴着名牌大学校徽时的样子，心里涌起一股难以形容的滋味。从此他憋足一股劲儿，决心以更优异的成绩考上名牌大学的研究生。可万万没有想到，当他要报考北京医科大学遗传学专业时，学校已没有名额了。无可奈何的他只能去招生办申请更改志愿。在着实费了一番口舌以后，张志谦终于报考了北京肿瘤防治研究所。考试成绩一公布，他就因为成绩名列前茅而被择优录取了。

当时肿瘤所的条件并不好，特别是张志谦所在的实验室更是如此。科研经费捉襟见肘，最少时只有一万元，还是向别的实验室借来的。在工作环境极其艰难的条件下，他那颗永不服输的心再次迸发出力量。1994年，对张志谦来说是值得纪念的一年。经过努力，他的事业从此有了转机，多年的辛勤耕耘，终于有了收获，他拿到了国家自然科学基金5万元的经费，同年他又入选"北京科委科技新星计划"。1995，张志谦获得"国际抗癌协会奖学金计划"的资助，赴美国宾夕法尼亚大学攻读博士学位。然而此时事业上刚刚扬帆起航的张志谦却受到了疾病的困扰，关节炎的老毛病又犯了，严重到几乎不能走路。张志谦的导师很喜欢这个治学严谨、敢于创新的中国小伙子。几经思考后，导师拒绝了张志谦回国的请求。于是美国宾夕法尼亚大学实验室里就有了一个坐着工作的中国人。几个月的疾病和工作压力并没有让张志谦退缩，他以超乎常人的毅力和病魔抗争，始终未停下手中的研究课题，每天十多个小时的超负荷工作，连他的导师也为他写下这样的评语："专注使他可敬可畏。"

张志谦在他的科研事业上，始终保持遇挫弥坚的韧劲。他认为，这是一个优秀的科研工作者理应具备的素质。在日常的科研工作中，只要他认定了，就一定要做下去，也许在别人看来是没有希望的，但他从不轻言放弃。在国外留学期间，他的导师是一位学术界很有威望的科学家。张志谦并没有因为导师的权威而盲目接受导师传授给他的观点和结果。做课题时，导师的思路与他的思路有分歧，他总是据理力争。张志谦在即将结束留学生活时仍未得到实验结果，于是导师按照惯例，让他把留学期间的工作做个总结，做好回国的准备，但张志谦却恳请导师再给他一个星期的时间，让他在实验室进行实验观察。终于，在这宝贵的一个星期内，"奇迹"出现了。或许，在有些人眼里，张志谦凡事较真，认死理，甚至过于执拗。但正是凭着这股子拗劲，他坚持到最后，并最终取得了可喜的成绩。因此，他的成功就两个字——"恒心"。事实也证明：一个人之所以成功，不是上天赐给你的，而是日积月累、自我塑造的，幸运、成功永远只属于辛勤的人、有恒心不轻易动摇的人、能坚持到底的人。

躬践有恒才能结出成功的硕果

水滴石穿，绳能断臼，只要专注于一点上，躬践有恒，毫不放弃，就能结出丰硕的成果。

哥白尼之所以成名，是因为他对天文学的钻研，有一种躬践有恒的决心；拿破仑之所以成功，是因为他在军事研究上有一种躬践有恒的决心；哥伦布之所以成名，是因为他对新大陆的探索有一种躬践有恒的决心。发明蒸汽机的瓦特、发明轮船的富尔敦，以及爱迪生、马克尼等无数成功成名的人物，都是对自己所研究的事业有一种特有的恒心。其他的成功人士也莫不如此。

所以说，要想成为千古以上的第一人，成为万代以下的第一人，其成功的要点就是：恒心。这是千古以来无数人物成功的第一要诀。

在英国的一所美术学院里有这样一名学生，他突发灵感，想做一件史无前例的作品——口香糖雕塑。

他几片、几十片，甚至上百片的咀嚼口香糖。当人们在散步的时候，他在咀嚼口香糖；当别人在吃饭的时候，他仍在咀嚼口香糖；当其他人在看电视剧的时候，他继续咀嚼口香糖……嚼得牙龈出血，他坚持着；嚼到眼泪直流，他坚持着；嚼到脸部发麻，他仍坚持着。

三个月后，这名学生终于用 3300 片呕心沥血、千咀万嚼的口香糖做成了一件雕塑，这也使他一举成为最年轻的艺术家。

"耐心和恒心总会得到报酬的。"一个人成功与否不在于他聪不聪明，而是看他是否有恒心。

所以，要养成一种事业的恒心，首先要培养自己对一种事业的嗜好，然后再培养一种不求速达的心理状态，稳扎稳打，循序渐进。无论是大事业还是小事情，都集中精力在一点上，这样才能成为有作为的人，小事情也才可能变成大事业。

马克思写《资本论》花了 40 年；

摩尔根写《古代社会》花了 40 年；

歌德写《浮士德》花了 60 年；

哥白尼写《天体运行论》花了 36 年；

徐霞客写《徐霞客游记》花了 34 年；

列夫·托尔斯泰写《战争与和平》花了 37 年；

……

凡是事业的成功，在于有恒心，所以做人立业，贵在守住恒心，以待成功。

文化与人生——扮靓人生的素养

第三节　世事洞明，人情练达
——处世之法

我们每天都要和不同的人打交道，需要处理各种人际关系。这时，对于接触的人的判断就显得尤为重要。如何判断一个人人品的好坏？孔子在《论语·卫灵公》一篇中就认为不能以"众恶之""众好之"为依据，而应该自己亲自去考察了解，不能人云亦云。

人云亦云不可有

对于一个人或一件事的判断，孔子认为，如果大家都厌恶，也不能随便相信，一定要去考察；如果大家都喜爱，也一定要去考察，不要人云亦云。

在《子路》篇里，子贡曾问孔子说："一乡的人都喜欢他，（这个人）怎么样？"孔子说："我不大清楚。"子贡又问："一乡的人都厌恶他，（这个人）怎么样？"孔子仍然说："我不大清楚。最好的人是一乡人中的好人都喜欢他，坏人都厌恶他。"这实际上也是"众恶之，必察焉；众好之，必察焉"的意思。

孔子认为在现实生活中，对一个人的评价往往带有很大的主观性。

所以，对他人的评价，绝不能人云亦云、随波逐流，不能因众人的是非标准而影响自己的判断。正确的做法应该是持谨慎态度，理智地倾听各种意见，确认信息的真实可信，只有在明察的基础上，才可做出判断。

> 魏国的太子将被送往赵国去做人质。魏王（即魏惠王，或称梁惠王）派庞葱陪送前去。
>
> 临别时，庞葱对魏王说："如果现在有一个人跑来报告：'不好了，市上出现一只老虎，正在四处咬人！'大王相信吗？"魏王说："我不信。"庞葱说："如果不一会儿，又有第二个人跑来报告，也说市上出现了一只老虎，大王会相信吗？"魏王说："那我要有点怀疑了。"庞葱说："如果再过一会，又有第三个人跑来，还是这样说。这时，您相不相信？"魏王说："那我当然会相信了。"
>
> 庞葱接着道："市上明明没有老虎，谁都知道市上不可能出现老虎，然而'三人言之则成虎'。现在我到赵国去，邯郸（赵国国都）离大梁（魏国国都）要比这儿离市远得多。我去后，议论我的人也一定不止三个，那时希望大王明察才好！"
>
> 魏王明白庞葱的意思了，答道："好，我一定不信谗言！"

判断一件事情的真假，一定要经过细心的考察和思考，不能道听途说，否则"三人成虎"，造成的危害是很大的。对一个人的评价也是如此，听信他人谣言或受世俗舆论左右而轻下结论，就显得过于轻率。是故，《管子·明法解》说："昏乱的君王不考察臣下的实际功劳，众人说谁好就赏谁；也不审查臣下的罪过，众人说谁坏就处罚谁。这样的结果，往往使奸臣没有功劳却得赏，忠臣没有罪过却受罚。所以《明法》说：当政者失去统治，是因为他听凭他人的喜好和诽谤来进行赏罚。"

处世观人，不可不引以为鉴

"众口铄金，积毁销骨。"一次一次地造谣诽谤，可以将真理埋没。因此，一个人要能做到不动摇自己的信念，太不容易了。谣言多了，就足以毁掉真相；附和的人多了，白的也会被说成黑的。所以，"众恶之，必察焉；众好之，必察焉"。不说某人的谣言是好是坏，谣言本身便是不确实之物。只有自己得到了证据才能相信。因此为人处世不要轻易给人下判断，而应冷静观人，理智处世。

一位老人讲了一个他自己的故事：年轻时他自以为了不起，打算写一本书。为了在书中加进点儿"地方色彩"，他就利用假期出去寻找素材。然而，要在那些穷困潦倒的人们中找一个懒懒散散混日子的主人公，又谈何容易啊，他想，在哪儿可以找到这种人呢？

他找了很久，终于有一天，他找到了一个地方，那儿是一个荒凉破落的庄园。最令人激动的是，他想象中的那种懒散混日子的味儿也找到了——一个满脸胡须的老人，穿着一件褐色的工作服，坐在一把椅子上为一块马铃薯地锄草。在这位满脸胡须的老人身后，是一间没有油漆的小木棚。

于是，他转身回家，恨不得立刻就坐在打字机前。而当他绕过木棚在泥泞的路上拐弯时，又从另一个角度朝老人望了一眼，这时他突然下意识地停住脚步。原来，从这一边看过去才发现胡须老人的椅边靠着一副残疾人的拐杖，老人的一条裤腿空荡荡地直垂到地面上。顿时，那位刚才他还认为是好吃懒做混日子的老人，一下子成了一个百折不挠的英雄了。

　　因此，为了不犯经验主义的错误，做事时要"多看一眼"或"多思一点"。近距离的相处才能看清一些东西，不要轻易对一个人下判断。

　　现代人总是习惯性地以他人的品位、好恶来决定一个人的好坏。你是否有过这样一种经历？当身边的人吃了一口发现此物是"臭蛋"，自己也会拒绝去尝，更别说耐心到吃完再对其下结论。

　　事实上，在现代社会中，如果一个人一旦被传闻"宣传"，这个人就这样被社会和他人认识了。在孔子看来，这种想法是幼稚的。也许是受人煽动蛊惑的、也许是被人蒙蔽的、也许是受人威胁的、也许是被人利诱的，他人的好恶并不一定可靠，即便是大众，其心理也是随时会变化的。因此，对于一己以外的人，应详加观察，不受谮想，避免盲从。

　　这就要求人们必须练就老鹰一般的洞悉力和观察力。不管行为本身是多么勤奋，一旦脱离了正确的动机和目的，便会产生问题。就大局而言，思想和行为要达到统一，即使日常行为不令人满意，只要动机和目的是真诚的，迟早会得到人们的理解。

　　无论是被众人憎恶之人，或是被舆论过分夸奖之人，都应该用自己的眼睛判断后再下结论，绝不可被世论左右。

　　考察他人要看对方是否言行一致，才能避免只重表面，忽视实质的倾向。常言道，"处于进退看人品，患难生死看骨气。利害得失看操守，预事定计看见识"。评人、论人要从各方面来观察：通达就看他的礼节，尊贵就看他上进的程度，富裕就看他的修养，听就看他的行为，止就看他的喜好，达就看他的言辞，穷就看他哪些不能接受，贱就看他哪些不做。高兴时检验他的操守，快乐时检验他的懒惰，发怒时检验他的气节，害怕时检验他的坚持，悲哀时检验他的情怀，受苦时检验他的志向。只有这样，人们才能在冷静观人的基础上理智处世。

第四节　变则通，通则久
——管理之道

世事多变，人世也在变。为人处世，在"以不变应万变"的基础上，也需要灵活变通，是故，"穷则思变，变则通，通则达观天下"。每个人都当应时应势地变通。合乎事物发展规律地灵活变通，可以早日听到成功的脚步声。对此，孔子就在《论语·子罕》中对人们有所告诫：子绝四——毋意，毋必，毋固，毋我。

孔子做学问杜绝了四种毛病：不凭空臆测，不绝对肯定，不拘泥固执，不唯我独是。

这四种毛病对做学问的人来说是很容易犯的，因此古今有很多学者都以它为座右铭，时刻提醒自己。其实，不只是做学问，为人处事的其他方面也应该注意这几个问题。

学会灵活处事是成功的基础

一个人越是聪明、能干、有学识，就越容易以自我为中心来衡量一切。一旦表示了意见就想尽办法寻找有利的理由与借口，来支持自己的意见，甚至以为这是择善固执，而事实上只是为了顾全面子。诚然，形成特定的作风之后，产生保守心态，认定自己年龄、辈分、地位都比别人高，顽固些也是可以理解的。但固执得有度，若不知变通，势必将演变为自我膨胀，让人难以相处，因此，孔子特别注意约束自我的偏差欲望。

话说孔子东游，来到一个地方，感觉腹中饥饿，就对弟子颜回说："前面有家饭馆，你去讨点饭来。"颜回就去到饭馆，说明来意。

那饭馆的主人说："要饭吃可以啊，不过我有个要求。"颜回忙道："什么要求？"主人回答："我写一字，你若认识，我就请你们师徒吃饭，若不认识乱棍打出。"颜回微微一笑："主人家，我不才，可也跟师傅多年，莫说一字，就是一篇文章又有何难？"主人也微微一笑："先别夸口，认完再说。"说罢拿笔写了一"真"字，颜回哈哈大笑："主人家，你也太欺我颜回无能了，我以为是什么难认之字，此字我五岁就识。"主人微笑问："此为何字？"回曰："是认真的'真'字。"店主冷笑一声："哼，无知之徒竟敢冒充孔老夫子门生，来人，乱棍打出。"

颜回回来见老师，说了经过。孔子微微一笑："看来他是非要为师前去不可。"说罢来到店前，说明来意，那店主一样写下"真"字。孔老夫子答曰："此字念'直八'。"那店主笑道："果是夫子来到，请。"就这样，师徒二人吃完喝完不出一分钱走了。颜回不懂，问："老师，你不是教我们那字念'真'吗？什么时候变'直八'了？"孔子微微一笑："有时候做事是认不得'真'啊。"

可见，孔子处事上的灵活变通。灵活不是没有原则，恰恰是在有原则的基础上加些灵活的因素。在与人打交道时，要知道对方最需要什么，只要根据对方的需要，灵活地调整自己的对策，巧妙地给予对方需要的，我们就能达到自己的目的。

为人处世不可一味顽固不化，要学会灵活变通，这样也能使自己在竞争中更加得心应手。但是学会灵活不是容易的事情。灵活是一个人综合素质的体现，灵活的分寸就需要靠个人的经验和智慧去把握了。

在灵活处世的各要素中，中国儒家称之为"三达德"的"智、仁、勇"当中，"智"被列在首位。一个成功者，并不一定非要有很高的才能，但他必须要有智慧，而智慧并不是照搬书上的教条，而是灵活运用智谋。正如希望集团陈育新所说："精明不是耍手腕，它只是一种正确的思维方式、操作技巧和办事方法，甚至是一种可以公开的东西。"

孔子告诫人们：不拘泥固执，不固守经验，不盲目跟从。

有一对新婚夫妇，丈夫协助妻子预备晚餐时，发觉妻子焗鸡的方法很特别。她先将鸡头、鸡翅及鸡腿切去，再放进焗炉。丈夫好奇地问："为什么要如此焗鸡呢？"妻子答："其实我也不太清楚，自小我见妈妈就是这样做。"那时候刚巧岳母来电，丈夫乘机问及焗鸡特别方法的原因。岳母说："其实我也不太清楚，自小我见妈妈就是这样做。"

最后，丈夫打电话给乡间的外祖母，试图解开这两代人的疑团。

外祖母说："我家的焗炉太小，不能够将整只鸡放进去。"

外祖母做事有原因，而这位新婚妻子却只是盲目跟随，是故不知所以，更别说灵活变通了。那么，现在反过来想一想：自己有没有对某件事情寻根究底过呢？又或者一直以来自己都是在墨守成规呢？

只有敢于突破经验，才能让自己在困境中寻找生机。罗宾曾讲过这样一个故事。

一次，一艘远洋海轮不幸触礁，沉没在汪洋大海里，幸存下来的9位船员拼死登上一座孤岛。岛上除了石头还是石头，没有任何可以用来充饥的东西，更糟糕的是，在烈日的暴晒下，每个人口渴得冒烟，水成为最珍贵的东西。其中的8位船员支撑不下去了，最终渴死在孤岛上。当最后一位船员快要渴死的时候，他实在忍受不住地扑进海水里，"咕嘟咕嘟"地喝了一肚子，船员喝完海水，一点儿觉不出海水的苦涩味，相反觉得这海水又甘又甜。他睡了一觉，醒来后发现自己还活着，船员非常奇怪，于是他每天靠喝这岛边的海水度日，终于等来了救援的船只。人们化验这水发现，这里由于有地下泉水不断翻涌，所以海水实际上全是可口的泉水。那些死去的船员犯了常规性的错误，认为海水是不能喝的，所以宁可渴死，也不愿越常规一步。

天有风云雨雪，时有春夏秋冬，人有男女老幼，情有喜怒哀乐，事有成败得失……这些大千世界的千变万化，构成了它恒久的魅力。变，才有生命，通，才能长久。

"识时务"是灵活变通的一种表现

除此之外，毋固毋我，灵活变通，还表现为恰当的"识时务"。

古人云："识时务者为俊杰。"这句话的意思是说，人要随着环境的变化来改变自己，改变则变，不能固执于一时一事。事实上，在人类历史上"毋固""毋我"的应变之策创造了千古盛世的局面，而顽固不化则使国家失去生机，使人民失去希望。可见，君子顺应时代潮流，抓住机遇去开创事业，同样也十分重要。当然，这需要人们不断地打破定式思维，适时创新。为此，美国著名心理学家丹尼尔·高曼说："要想在事业上有所成就，将以有无创造性思维的力量来论成败。"

　　美国有一位工程师和一位逻辑学家，两人是无话不谈的好友。一次，他们相约赴埃及参观著名的金字塔。到埃及后，逻辑学家仍然写着旅行日记。工程师独自徜徉在街头，忽然耳边传来一位老妇人的叫卖声："卖猫啊！卖猫啊！"工程师一看，在老妇人身旁放着一只黑色的玩具猫，标价500美元。这位妇人解释说，这只玩具猫是祖传宝物，因孙子病重，不得已才出卖以换取住院治疗费。工程师用手一举猫，发现很重，看起来似乎是用黑铁铸造的。不过，那一对猫眼则是珍珠做成。于是，工程师就对那位老妇人说："我给你300美元，只买下两只猫眼吧！"老妇人一算，觉得行，就同意了。

　　工程师高高兴兴地回到了宾馆，对逻辑学家说："我只花了300美元竟然买下两颗硕大的珍珠！"逻辑学家一看这两颗大珍珠，少说也值上千美元，忙问朋友是怎么一回事。当工程师讲完缘由，逻辑学家忙问："那位妇人是否还在原处？"工程师回答说："她还坐在那里。想卖掉那只没有眼珠的黑铁猫！"逻辑学家听后，忙跑到街上，给了老妇人200美元，把猫买了回来。工程师见后，嘲笑道："你呀，花200美元买这个没眼珠的铁猫！"逻辑学家却不声不响地坐下来摆弄着这只铁猫，突然，他灵机一动，用小刀刮铁猫的脚，当黑漆脱落后，露出的是黄灿灿的一道金色的印迹，他高兴地大叫起来："正如我所想，这猫是纯金的！"原来，当年铸造这只金猫的主人，怕金身暴露，便自作主张将猫身用黑漆漆过，俨然如一只铁猫。对此，工程师十分后悔。此时，逻辑学家转过来嘲笑他说："你虽然知识很渊博，可就是缺乏一种思维的艺术，分析和判断事情不全面、不深入。你应该好好想一想，猫的眼珠既然是珍珠做成，那猫的全身会是不值钱的黑铁所铸吗？"

所以，灵活变通思维能力的高低，决定着事情的成败、成绩的大小。

新时代需要崭新的创意。崭新的未来与辉煌的成功只青睐于有心人。

200多年前的一天，法国医生拉哀奈克陪女儿到公园玩跷跷板，偶然发现，用手在跷跷板的一端轻敲，在另一端贴耳倾听，竟能清楚地听见敲击声。他得到了启发，回家用木料做成一个喇叭听筒，把大的一头贴在病人的胸部，小的一头塞在自己的耳朵里，居然听见病人胸腔发出的声音。这便是世界上第一部听诊器。

又如大家所熟知的日本的松下幸之助，他是靠生产电插头起家的。由于插头的性能不好，产品的销路大受影响。松下幸之助陷入了三餐难继的困境。一天，他走在路上，一对姐弟的对话引起了他的注意。原来是姐姐正在熨衣服，弟弟想读书，无法开灯。只有一根电线插座，姐弟两个争执起来。这不是太不方便了吗？何不想出同时可以两用的插座呢？他认真研究这个问题。不久，他就想出了两用插座的构造。试用品问世之后，很快就卖光了，他只好增加工人，扩建了工厂。从此他的事业走向了辉煌。

可见，灵活变通是成功的基础。非常成功的人不会轻易与别人竞争，

文化与人生——扮靓人生的素养

而是去主动变通自己的思维。人无我有，形成自己的特色。他们通过意志力，使自己的思想重心放在自己已经取得的结果上，而不是放在其他人身上，因而获得了人生的巨大成功。

第五节　在其位，谋其政
——行事之道

道理往往是简单的，古人通过简单、直白的语言讲过很多这样的道理。流传至今，现在的人往往因为这些话简单而怀疑它的正确性。"不在其位，不谋其政"，就是这样一句话。

做人要尽本分

孔子说："不在其位，不谋其政。"曾子说："君子思不出其位。"说的都是一个人应该做自己该做的事情，不要思考自己不该思考的事情。因此，完整地理解这句话，就是在其位，谋其政；不在其位，不谋其政。

然而，发展至今，这句话却往往会引起人的疑问：这不是提倡自私吗？这不是"本位主义"吗？这不是"自扫门前雪"吗？这不是提倡"事不关己，高高挂起"吗？这不是反对"学雷锋"吗？……

实则匪然。子曰："不在其位，不谋其政。"但是，没有说不在其位，不能议其政。观孔子一生，不在其位而议论其政之事，举不胜举。相对来说，做好本职工作"即在其位，必谋其政"。与此并不矛盾。而对于未能做好本职工作又对他人工作随意指手画脚，"欲假尔之手"者则应反对。

有一次，韩昭侯喝醉酒睡着了。掌管君主帽子的侍从唯恐君主受凉，就把衣服盖在他身上。韩昭侯醒后大悦，问身边的侍从说："是掌管衣服的侍从给我盖的衣服吗？"身边的侍从回答说："不是，是掌管帽子的侍从。"韩昭公听了很不高兴，马上同时惩罚了掌管衣服的侍从和掌管帽子的侍从。

下属不明，问："为什么您要惩罚掌管帽子的侍者？他为您盖上衣服，完全是出于一片忠诚之心。不赏也罢，如果受罚实在很冤枉。而掌管衣服的侍者因为失职确实应受到处罚。"

韩昭公说："下属必须各司其职，不能超越自己的权限。掌管衣服的侍者受到处罚是由于没有尽到职责，而掌管帽子的侍者之所以也要受到处罚是因为超越职权范围行事，即使他为我盖衣服是出于忠心。"

韩昭公的故事告诉我们这么一个道理，在日常生活或者学习工作中，人们应各司其职，不可越权去干涉他人的职务。

在此基础上，孔子还用自己的言行告诫我们，在自己的职位上，一定要尽心尽力，"谋其职"。

齐桓公是齐国的大夫，他杀死了自己的国君简公。孔子当时是鲁国的大臣。听说了这件事后，他马上洗澡斋戒，随即去见鲁哀公，报告说："陈恒把他的君主杀了，请求主公派兵讨伐他。"

　　鲁公没有理会孔子的请求，只是说："你去报告孟孙、叔孙、季孙三位大夫。"

　　孔子退下来后说："尽管我的官位低，但也并非不能向国君报告，没想到会让我去向三位大夫报告。"

　　所以孔子到三位大夫的住处去向他们说了这件事，三位大夫却说："不可出兵。"

　　孔子继续说："尽管我的职位低，但也不敢不来报告。"

　　臣子杀死君主，乃大逆不道，没有比这更悲惨的事情了。孔子自己也曾说："志士仁人，不能为了保住自己的生命而去损害仁，只能勇于献出自己的生命去成全仁。"

　　孔子用自己的言行告诉人们"不在其位，不谋其政"。反对未谋好本"政"却去谋他人之"政"的逾矩行为。

　　为人处世亦是如此，做人需要本分，做好本分之余，应从社会道义的角度去实行仁义，而不要蛮横地去干涉他人事务。这是儒家一贯的处世态度。

找到自己的定"位"

　　曾子曰："君子思不出其位。"其中，此"位"不是唯一的，也不是一成不变的。

　　所谓的"位"，可以表现为一个人的职位、身份、地位……各种各样的角色，有什么样的角色、地位，就有什么样的职责，就应该完成相应的职责。人可以同时有多重角色，这些角色还在不断变化之中，不同的角色要承担不同的职责，也就是"在其位，谋其政"。

然而现实生活中，有很多人把这个"位"固定化，从而陷入了本位主义。

某天，某经理正准备去银行协商一下贷款的事项，刚出门，就看见两个人撕扯着向总经理办公室走来，一边走还一边嚷嚷："我们找总经理评理去！"

经理的眉头一下子就皱了起来，沉声说道："要不要给你们两个找个场子，等你们打完了，再过来找我理论？"

两人都讪讪地放开了手。其中一个说："总经理，真的不关我的事。"另外一个插话说："就是他的责任！"

经理厉声喝道："打架或者吵架的话都给我一边去！别在这里给我丢人现眼！"

两人都被震慑住了，乖乖地尾随经理走进了办公室。

说了好半天，经理终于弄明白了。原来是发生了一起生产事故，一个工人没有按操作规程戴防护眼镜，结果被车床飞溅的铁屑弄伤了眼睛。工长和车间主任都说是对方的责任，两个人争论不休，最后竟然动起手来，厮打着就到了总经理办公室。

经理的眉毛越拧越紧，他强忍着怒气，问道："那个受伤的职工现在怎么样了？"

两人对望一眼回答说："可能已经送医院了吧？"

"可能？"经理的声调一下子就抬高了起来，"你们说可能？"

一人说："我们争论着，看见有人把伤者抬上了车。"

经理终于发怒了："我没空和你们闲聊！我先去看看受伤的职工！"

就在此时，生产部经理贾某匆匆地赶来了，他气喘吁吁地说："总经理……"

这时他发现旁边站着的两人，知道总经理已经知道发生事故了。

经理板着脸问："伤者现在怎么样了？"

贾某回答："我已经去医院看过了，伤势不轻，一只眼睛估计保不住了。我通知了伤者的家属，他们已经赶到了医院，我预付了治疗费用，安排了人在医院照顾，然后就赶回来跟您汇报了。出了这么大的事故，我有责任，希望您狠狠地处理我。"

经理的眉头舒展了一点儿，一张脸还是紧绷着，他在桌上迅速地写了点儿东西，递给旁边站着的两个人，说："二位可以到财务结算好本月的薪水。你们被解雇了，我们公司不需要一点儿责任感都没有的领导！"

两人正欲分辩，经理说："是你们自己出去？还是我叫保安请你们出去？"

两人只好悻悻而退。

贾某不安地说："总经理，您看我是生产部经理，我应该负主要责任，您看他们两个，能不能……"

经理说："不要说了！我已经说过了，我们公司不需要没有一点儿责任心的领导。这次事故，他们两个、你、我，都有责任。事情已经发生了，我们首先要做的事情就是如何处理好，而不是把伤者扔在一边去争论谁有责任！在其位就要谋其政，既然不谋其政，也就没必要让他在其位了。"

字面上来看，"本分"，意为"在其位，谋其政"，做自己该做的事。

如同传奇故事一样，从一文不名的书生到打工皇帝再到企业家，段永平传奇般的经历着实令无数打工白领竞折腰。但段永平却在许多场合强调，无论是当初的小霸王，还是今天的步步高，成功的经验就在于：由始至终守住本分！

作为驰骋商海的企业家，段永平仅凭本分就能独领风骚。他说："企业的本分首先是企业家的本分，这是企业家必须具备的基本素质。本分体现着企业家的道德风范，有自己的原则。有些生意哪怕最赚钱，如果违背做企业的原则，那就不应该也不能去做，否则内心会受到道德的拷问，客观上也会破坏自己的形象，给企业将来的发展造成不利的影响。"

一个人，在家里可以是父亲、儿子、丈夫，在公司里可以是员工、上级、下级，这都是不同的角色，"在其位，谋其政"就是要求这个人能够认识到不同的角色，根据需要区分、扮演好这不同的角色。

第六节　学而不思则罔
——求学的心态

孔子说："学而不思则罔；思而不学则殆。"意思是说，如果学习书本知识而不思考，就会不辨真伪，更不能融会贯通、学以致用；如果只是冥思苦想却不认真读书，就会孤陋寡闻、才疏学浅，更不能做到博见约取、标新立异。

举一反三，灵活掌握所学知识

在人们获取知识的过程中，学习和思考是相辅相成，密不可分的。学习是思考的基础，思考是学习的升华。在学习的基础上，人们的思考才能够深入；在思考的前提下，人们的学习才有效果；同时，人们还要把所学的知识与实际结合并反复实践，知识才能内化。这就是人们掌握知识的必由之路。只学习不思考无法学得深刻，只思考不学习只能算胡思乱想。只有将学与思正确地结合起来，才能真正地在学习中有所受益。

孔子所说的"学习"，主要指从书本上汲取间接经验。读书则是人获得知识的重要途径。纵观古今中外，凡成大学问者，无一不是博览群书，读破万卷。孔子评价自己"我非生而知之者"，圣人尚且如此，更何况普通人了。人们可以通过学习不断获取前人的经验、成果，拓展自己的知识，并在已有的知识上有所发现，有所创新。鲁迅说："读书必须如蜜蜂一样，采过许多花，才能酿出蜜来，倘若叮在一处，所得就非常有限。"伟大的物理学家牛顿，在思考社会问题时正是由于缺乏科学的世界观指导，在后半生竟用了 25 年的时间苦思冥想，企图证明"上帝是存在的"这一假设，这种思考显然是徒劳无益的。

学习本身并非目的，学会举一反三，灵活运用知识才是真正的目的。这就要求人们在获得知识的过程中发挥主观能动性，进行积极的、认真的思考活动，弄清知识的来龙去脉以及知识间的有机联系。思考是人们汲取知识的必要活动。如果学到的东西不经大脑思考，非但无益，反而容易让自己变得自以为是。法国启蒙作家伏尔泰这样论述过："书读得越多而不加思考，你就会觉得你知道得很多。而当你读书思考得越多的时候，你就会清楚地看到你知道得还很少。"

善于思考是用"打破砂锅问到底"的探索精神去钻研，切不可浅尝辄止。

戴震是清代著名思想家、文学家、哲学家、考据学家，"乾嘉学派"的代表人物，乾隆年间为《四库全书》的纂修官。他出生于贫寒之家，幼读私塾，以过目不忘和善思好问而著称。

有一次，老师教授《大学章句》。戴震愈听愈觉得可疑，于是向老师发问："这话凭什么知道是孔子的话而曾子记述？又怎么知道是曾子的意思而是学生记下来的呢？"

老师难以回答这个出乎意料的疑问，于是抬出朱熹这一权威："这是朱文公说的。"

戴震马上问："朱文公是什么时候的人？"

老师回答他说："宋朝人。"

戴震追问："曾子、孔子是什么时候的人？"

老师回答："周朝人。"

戴震又问："周朝和宋朝相隔多少年？"

老师说："差不多两千年了。"

戴震问："既然这样，朱文公怎么知道这些？"

老师被问得哑口无言，只得说："你是一个不寻常的孩子。"

戴震不仅好问，并勇于提出自己的看法和见解，敢于怀疑先贤，怀疑课本，而不是一味地听从权威的解释。明代陈献章曰："前辈学贵有疑，小疑则小进，大疑则大进。疑者，觉悟之机也，一番觉悟，一番长进。""疑"和"问"是思的表现。非学无以致疑，非问无以广识。好学而不勤问，非真能好学者也。思与学，始终相辅而行。

学和思不能偏废

在学习的过程中，学和思不能偏废。孔子主张学与思相结合。只有将学与思相结合，才可以使自己成为有道德、有学识的人。但是人们如果一味地读书，而不进行深层次的思考，只能间接被经验牵着鼻子走，就会对书本迷惑而不得其解。反之，一味地埋头苦思而不进行知识的积累，看似合理的研究推敲，也只能流于知识的空想，实际问题仍得不到解决，随之而来的是更多的困惑。只有把学习和思考结合起来，才能学到有用的真知，才能进行高效率的学习。

"学而不思则罔，思而不学则殆"阐释了孔子所提倡的学习方法。荀子也说过："吾尝终日而思矣，不如须臾之所学也；吾尝跂而望矣，不如登高之博见也……君子生非异也，善假于物也。"德国大哲学家康德说过："感性无知性则盲，知性无感性则空。"与我国古代哲人的认识是惊人的一致。学习的目的是应用，是为了解决实际问题，学而不思地死读书，无论是死记硬背还是囫囵吞枣，读至白头也无用。而不学只思，会让人的思想渐渐远离实际，更会给自己的成长和成才带来危害。

第七节 达人达己，成就自己
——通达之道

一个人不可能独立地在社会中生活。当今的世界已经是一个多赢的时代，已经不允许我们单打独斗，已经不允许我们闭门造车，这样一来，人与人之间的合作便成了我们社会生存和发展的动力，也成为个人实现自我价值和奋斗目标的前提。身为青少年的我们要领悟到孔子的处世智慧，若想在学业上获得成功，在工作中得心应手，就要学会"达人""达己"的学问。

达人达己是一种处世智慧

子贡问孔子："如果有人能广施恩惠给老百姓，帮助大家过上好日子，怎么样？可以说是做到仁了吗？"

孔子回答说："岂止做到了仁，那简直就是圣了！就是尧、舜恐怕都还没有完全做到呢！至于说仁，那不过是自己想有所作为，也让别人有所作为；自己想飞黄腾达，也让别人飞黄腾达。能够将心比心，推己及人，这就可以说是实行仁道的方法了。"

圣的境界实际上不是个人的境界。所谓时势造英雄，英雄的丰功伟绩并不是单凭个人努力创造出来的。因此，智者往往相信："从来就没有什么救世主，也不靠神仙皇帝。要创造人类的幸福，全靠我们自己！"在孔子看来，仁的境界是普通人都能企及的境界，是从人们自身做起的境界。因为那不过是设身处地为他人着想罢了：人同此心，心同此理。所以，每个人能做到的，是努力实行仁道，使人人都有一颗仁爱的心。

有这样一个故事。有一天，王小二巧遇上帝，上帝问其有何心愿。他提出欲看看天堂与地狱的生活。上帝因小二之虔诚而答应带他到天堂与地狱走一趟。小二来到阴森森的地狱时，看见的都是饱受饥饿、骨瘦如柴的小鬼。"他们为什么都这么瘦呢？"小二问上帝。"你瞧！"此时，正好午餐时间到了，一个巨大的锅旁围了很多饿鬼。不过，此时他们的双手都被绑上了一双长达六尺的木匙。

他们争先恐后地往自己嘴里送饭，但木匙太长，他们根本无法将食物送到自己口中，许多食物都洒在地上。看了此景，小二才明白这些饿鬼永远是那么瘦小的原因。片刻，上帝又带小二去参观天堂。天堂内鸟语花香，仙人们个个脸色红润，身体健康，气贯长虹。正巧又逢吃饭时间，小二看到一群仙人也正在一个巨大的锅旁吃饭。他们的双手也是绑着六尺的长木匙，与饿鬼无异。不同的是，当他们用木匙盛到食物后，是将食物往对方的嘴里送去，而对方也是如此。在彼此的互相帮助下，个个都是丰衣足食、皆大欢喜。于是，小二问上帝："到底他们是吃什么食物呢？""食物没有什么差别，不同的是他们不像地狱的饿鬼那样贪婪、自私。"上帝回答。

人生在世不能自私自利，自己为他人着想，他人才能为自己着想。有舍，才有得。同样，在现实生活中，如果帮助其他人获得他们需要的东西，那么这个人也会因此而得到自己想要的东西，而帮助的人越多，得到的也就越多。

所以，提倡达人达己的精神，是为人处事提高情商的重要内容之一。

帮助别人是一种智慧的表现，帮助别人就是在帮助自己。然而，在实际生活中，面对"舍"与"得"的时候有些人却选择了后者。其实"舍"与"得"是相互的，有舍，才有得，礼尚往来，这是起码的道理。

在20世纪60年代，中国科学家率先合成出人工胰岛素，这是世界上第一种人工合成的蛋白质，标志着人类在探索生命奥秘的征途中向前跨进了重要一步。以当时国际上该领域的科技水平，此项成果无疑达到了诺贝尔奖水平。瑞典评奖委员会也曾愿意把诺贝尔奖发给中国的科学家，但是中国方面提出的得奖者名单是一个小组，超过了诺奖评选规则中人数最多三人的限制。因此，中国科学家错失良机。

今天，再次提起我国科学家与诺贝尔奖的失之交臂，仍不免有些惋惜。在惋惜的同时也提醒人们：不要在个人与集体的利益和荣誉面前举棋不定，有时候一个人的失去可能换来集体更大的荣誉和利益。

达人与达己间的关系

达人方可达己，有舍才有得。如果一个人不想"达人"，也就不可能"达己"。

在一场激烈的战斗中，上尉忽然发现一架敌机向阵地俯冲下来。照常理，发现敌机俯冲时要毫不犹豫地卧倒。可上尉并没有立刻卧倒，他发现离他四五米远处有一个小战士还站在那儿。他顾不上多想，一个飞扑将小战士紧紧地压在了身下。此时一声巨响，飞溅起来的泥土纷纷落在他们身上。上尉拍拍身上的尘土，回头一看，顿时惊呆了：刚才自己所处的那个位置被炸成了一个大坑。

同样的故事也曾发生在古代：

话说有两个兄弟，各自带着一只行李箱出远门。一路上，重重的行李箱将兄弟俩都压得喘不过气来。他们只好左手累了换右手，右手累了又换左手。忽然，大哥停了下来，在路边买了一根扁担，将两个行李箱一左一右挂在扁担上。他挑起两个箱子上路，反倒觉得轻松了很多。

这两个故事表面上不同，但确实有着惊人的相似之处：故事中的小战士和弟弟是幸运的，但更加幸运的是故事中的上尉和大哥，因为他们在帮助别人的同时也帮助了自己！

一个农夫多次在当地举办的南瓜品种大赛中获大奖。但他获奖后却毫无保留地把自己获奖的种子和技术无偿地提供给邻居。邻居们很是不理解："你得个大奖是很不容易的。每年都看到你投入大量的时间和精力来改良品种，为什么这样无偿地送给我们呢？难道你就不怕我们赶上和超过你吗？"

这位农夫很爽快地回答道："我这样帮助你们，其实也在帮助我自己呀。你们的收成提高了，我也就能获得更高的收入呀。"

原来，农夫所在的这地方是典型的农村，家家户户的农田都是相邻的。而这农夫把优良品种给了他的邻居们，就可以避免蜜蜂在传递花粉时将临近的劣质花粉带给自己，农夫才可以不断地改良品种，获得更好的收益。如果不然，则必须花大量的时间和精力来防止外来花粉，这样疲于奔命也不可能获得更好的收益。

俗话说"一个篱笆三个桩，一个好汉三个帮""三个臭皮匠顶个诸葛亮"。在人生的大道上，肯定会遇到许许多多的困难。但是否都知道，在前进的道路上，搬开别人脚下的绊脚石，有时恰恰是为自己铺路？所以应该要学学那位聪明的农夫，把经验传授给别人，别人得益，自己也得益。

第 **2** 章

从心开始，大彻大悟：释家文化与人生

虽然我们不能改变周遭的世界，但我们可以改变自己。用慈悲心和智慧心来面对生活，那么你就将会领悟到人生的真谛！当你手中抓住一件东西不放时，你只能拥有这件东西；如果你肯放手，你就有机会选择别的。人的心如果一味执着自己的观念不肯放下，那么他的智慧也只能达到某一程度而已。

第一节　梦幻泡影
——不要执着于感情

世间、身体、心理都在活动，都在变化，都在不停迁流，"桑田沧海、沧海桑田"，这世间的一切，哪一样有永恒性？哪一样有实在性？

学会升华自己的情感

佛家讲究的"业"是一种来自累积的妄想和念头。念头与感情的作用有密切的关系。一般众生的感情，大都只针对自己的父母、子女、丈夫、兄弟姐妹和朋友等，对他人就很难流露出真情。

感情得到升华，就是爱；爱的升华，就是博爱；再加以升华，就是慈悲；而慈悲的最高境界，就是大慈大悲，所谓："无缘大慈，同体大悲。"

另一方面，要控制好"感情"，它若受到过分的发展就容易形成欲望，切忌将它演变成束缚自己的牢笼。

因此，人们要学习如何升华自己的感情，不让它过度畸形地发展，从实践佛法的布施、持戒、忍辱、精进、禅定、般若（菩萨六度）中，转化与提升自己感情的层次，使感性与理性得到平衡与协调，突破感情的樊笼，成为一个觉悟的人。

一个哲学家，晚饭后去郊外散步，遇见一个人在那儿伤心地哭泣。哲学家问他因何如此伤心。那人回答："失恋了。"

哲学家闻听连连大笑，道："糊涂啊，糊涂。"

失恋者停住哭，气愤地质问："有学问就可以如此嘲笑愚弄别人吗？"

哲学家摇头道："非我取笑你，实是你自己取笑自己啊。"

见失恋者不解，哲学家接着解释说："你如此伤心，可见你心中还是有爱的；既然你心中有爱，那对方就必定无爱，不然你们又何必分手？而爱在你这边，你并没有失去爱，只不过失去一个不爱你的人，这又有何伤心呢？我看你还是回家去睡觉吧，该哭的应是那个人，她不仅失去了你，还失去了心中的爱，多可悲啊。"

失恋人破涕为笑，这浅显的道理怎么自己没看透，于是向哲学家鞠了一个躬，转身离去。

适时放下执念便无愁

人生本来就不易，聚散都是福！有时候执着可能是一种重负或伤害，放弃却是一种美丽。生命不能计算，越算越短；等待无法丈量，愈量愈长。企盼有时很难变成现实，过分的执着从某种意义上说，无疑是一种沉重的负担，甚至是对自己的伤害。人如此，情亦如此。

人生需要放弃。正如树木为了长高就必须剪掉多余的枝丫；花朵为了结果，就必须放弃自己美丽的容颜。

放弃了不可能实现的梦想，才能走出一条真正属于自己的路来。放弃了不可能有结果的爱情，才能撷取真正属于自己的那朵玫瑰。

生活中，许多人不懂得放弃。生命如同工匠手中的璞玉，不善于取舍，焉成精品？既然道路不是一成不变的，就要不断地调整方向；既然有绝壁和死胡同，就不应该执着。不会转弯和回头的人，在曲折坎坷的人生旅途中要么失控、要么停滞、要么悲壮。放弃是理智的选择。只有自觉撤退，才能更好地前行。

歌德失恋后创作了《少年维特之烦恼》；贝多芬失恋后创作了《献给爱丽丝》；恩格斯失恋后只身游历了整个欧洲；罗曼·罗兰失恋后更有气度，与自己已作他人妇的心爱恋人做了30年的好友，自己则终身未娶。

有人说，得不到的东西才是最好的，其实未必，东西好不好取决于本身，与得不得到有什么关系呢？不好的东西，人们为什么要想去得到呢？所以得到的东西，才要更加珍惜，因为它才是最美好的。有一首诗说得好："人能无着便无愁，万境相侵一笑休。岂但中秋堪宴赏，凉天佳月即中秋。"

人在旅途，注定遇到种种的磨难和诱惑，倘若陷进去，就难免为之苦恼。只要把握"看破、放下、自在"这一禅理，就能心无挂碍，就能体会到日日是好日，处处皆月圆。

月亮总是圆的。人们不能被外在假象迷惑，开悟的人生总是圆满的，无论它有时候看上去是多么支离破碎。世事和人情都是暂时的，如过眼云烟，而真实和自在才是永恒的，如凉天佳月。身处红尘闹市，能写出"鸣琴幽谷里，洗钵古松间"这样娴静的诗句，可谓"结庐在人境，而无车马喧"，这是高士的自在与潇洒。"终日吃饭不着一粒米"，这是禅师的潇洒，也是居士的自在与潇洒。《红楼梦》中的惜春姑娘，"看破三春不长久"，坚定地遁入空门，"独卧青灯古佛旁"，是这位侯门贵女的自在与潇洒。

"有情来下种，因地果还生。"这是时间的因果规律，无须抱怨别人，无须诅咒环境，该来的挡也挡不住，该去的留也留不下。就以平静的心态坦然面对一切，化解一切。

"人能无着便无愁"，这是一道真理的慧光！它给忧郁的人打开心头的千千情结，它给迷途的人照亮前进的方向。

第二节　慈悲即佛
——慈悲是一种通达的人生观

假如把干草堆积得像须弥山那么大，投一点点像芥子那么大的火种在里面，一定会将干草烧尽。为什么呢？因为星火可以燎原。众生对善根也是如此，一定能烧尽自己身心的一切烦恼。

关怀他人，温暖世界

佛教提倡慈悲。慈能与乐，悲能拔苦。慈使人只想看到一切生物健康、快乐和生机蓬勃，而悲使人不忍见到任何生物患病、痛苦和萎缩凋谢。当人解除了自己的烦恼痛苦之后，看见他人仍在"苦海"之中，慈悲心起，自会帮助他人解除种种生命之苦。推而广之，亦会帮助其他生物达至完善的境地。

据上所述，如果一个人依从佛教所提示的人生方向而生活，则他一方面会努力达致"如实知见"的境地，另一方面亦会努力发挥自己的慈悲心，以求解除自己及别人的生命之苦。

有一对年轻夫妇同在一所小学里教书，虽然待遇不高，但是每天夫唱妇随地上下班，倒也愉快。

隔壁的大楼里住了一位董事长，每天为钱苦恼，怕被偷、被抢，所以生活得很不自在。有一天，他听到隔壁传来愉悦的歌声，非常不高兴地说道："他们住得如此简陋，生活得如此清贫，还弹什么琴、唱什么歌？我住在高楼大厦，有地位、有钱，为什么这么苦恼呢？"

他的秘书忍不住开口："报告董事长，如果您嫌苦恼的话，可以把烦恼送给隔壁的夫妇啊！"

"怎么把烦恼送给他们呢？"

"您可以送给他们100万元，反正100万对您来说也只是九牛一毛。"董事长勉为其难地决定试一试。

这对甜蜜夫妻一夕之间得到100万，欢喜得不得了，整个晚上无法安眠，不知道要将100万藏在哪里？放在枕头下、床底下、抽屉里、柜子里，到处都不安全。就这样折腾了一夜，直到第二天天亮。这对夫妻终于有了一个醒悟，决定把这100万元还给董事长，并说："这是您的烦恼，还是还给您吧！"

可见钱有时也是一种烦恼，但是金钱却可以帮助别人，为他人服务。所以说"法非善恶，善恶是法"。如果人们能把金钱善加利用，多做善事，帮助别人，那么金钱也不会成为烦恼。

因此可以说，世间的一切烦恼都可以改变，变成使自己和他人都能获得快乐的源泉。而通向这个"源泉"的关键，就在于慈悲心，用慈悲心去调整自己，关怀他人，从而温暖了人间。

仁爱大众就是善

佛法中的善念即利益大众，恶念则不单指杀人越货，在脑中转瞬即逝的享乐之念，以及贪慕、忌妒、嗔恼等都可以称之恶念，而欺诈偷盗已是罪恶了。

以现在的角度阐述，善念即仁爱，而恶念不过是欲望。欲望是什么？卢梭说："是我们保持生存的主要工具。"由于欲望的指引，人生克服种种困难走向满足。"因此，为了保持我们的生存，我们必须爱自己，爱自己要胜过爱其他一切东西。"所谓欲望实为生存之道，不应有善恶之分。然而，爱自己须有一个限度，超过此限，就可能变成恶，甚至是罪。而人的欲望恰恰是永无止境的。因此，为了共同的利益，爱自己还应该爱我们生存的环境，注意到别人也需要爱。不能推及他人与环境的爱，是冷酷，这就是恶的生成。

一个人把爱兼及他人与环境，包括植物、动物，佛法称之为"慈"。如果目睹苦寒之中的贫儿老妇，心中生出一点点同情心，则是另一种大善。这种情怀，即所谓"悲"。"慈悲"二字，听起来有些苍老，有人甚至会觉得它陈腐。实际它穿越时代，是凝视苍生的大境界。今天流行的"关怀"以及"温馨"，不过是它的现代版，内涵如一。

善念其实是小小的火苗，倘若不精心护佑，它在心中也就旋生旋灭了。并非说，只有造福万代才叫善。譬如有人建议削平喜马拉雅山，让印度洋的暖流涌入，使干旱的西北大地变成热带雨林。此善大则大矣，却并非实际可行的。古人有诗："为鼠常留饭，怜蛾不点灯。"虽然琐细，读后感觉心中暖暖的，大过印度洋的暖流。

第三节　内心即佛
——遵从自己的意愿

内心即佛，说的是人生中很多的烦恼只是人们在和自己的内心过不去。比如有人被大水冲走，因害怕淹溺不饮水而渴死，于佛法不亲自修行，就算懂得再多也是如此。又比如有人安排了美食，自己饿着肚子却不吃，于佛法不亲自修行，就算懂得再多也是如此。

想好了就去做

阻碍发现、创造的，仅仅是人们心理上的障碍和思想中的顽石。

从前有一户人家的菜园摆着一块大石头，宽度大约有 40 厘米，高度有 10 厘米。到菜园的人，不小心就会踢到那块大石头，不是跌倒就是擦伤。

儿子问："爸爸，那块讨厌的石头，为什么不把它挖走？"

爸爸这么回答："你说那块石头啊？从你爷爷那个时代，就一直放到现在了。它的体积那么大，不知道要挖到什么时候，没事无聊挖石头，不如走路小心一点儿，还可以训练你的反应能力。"

过了几年，这块大石头留到下一代，当时的儿子娶了媳妇，当了爸爸。有一天，媳妇气愤地说："菜园那块大石头，我越看越不顺眼，改天请人搬走好了。"

他回答说："算了吧！那块大石头很重的，可以搬走的话在我小时候就搬走了，哪会让它留到现在啊！"

媳妇心里非常不是滋味，那块大石头不知道让她跌倒多少次了。

有一天早上，媳妇带着锄头和一桶水，将整桶水倒在大石头的四周。

十几分钟以后，媳妇用锄头把大石头四周的泥土挖松。

媳妇早有心理准备，可能要挖一天吧，谁都没想到几分钟就把石头挖起来，看看大小，这颗石头没有想象的那么大，都是被那个巨大的外表蒙骗了。

历经了几代的顽石，本打算用一整天的时间来铲除，可是她仅仅用了 5 分钟。这块顽石给了人们一个启示：无论做任何事情，都要有一种勇于实践的精神。

"纸上得来终觉浅，绝知此事要躬行"，这是南宋著名诗人陆游的名句，人们也应时时把它当作对自己的警示。"躬行"的含义虽然人人都懂，但并非人人都能"躬行"。

实践是获得真知的法宝，离开了实践，就等于脱离了实际；离开了实践，也就使事物脱离了发展的基础，使人们看不到事物的本来面目，必将会阻碍事物向前发展。这就告诫人们，只有勇于实践的人才能铲除阻碍的顽石，才能取得真正的胜利。

诚然，那些不懂得如何"躬行"的人面对的必将是失败。正值年少的陈藩，就有"扫除天下"的志向，实为难得，可在行动中却与之相反，就连自己的院子都懒得去扫，又何以扫天下呢？还有只会纸上谈兵的赵括，不也在长平之战中命丧黄泉了吗？这些血的教训告诉人们一个道理：不去实践，就不会总结出真知，也就不会取得真正的胜利。

有一位青年，经过三个月的跋山涉水，终于找到了智者——在深山里的一间小木屋里。

青年走上前去敲门："你是天下闻名的智者。我不远万里而来，就是想弄明白一个问题：怎样才能成为真正的英雄？"

智者在屋里面对着青年说："现在晚了，你明天再来吧！"

第二天一早，青年又去敲门。

智者说："现在太早了，我还没到起床的时候，你明天再来吧！"

第三天一早，青年又去敲门。

智者说："现在你来得太迟了，我要去晨练，你明天再来吧！"

青年第六次去敲智者的门时，智者又说："我要休息了，你明天再来吧！"

青年一听，怒从心起，大声说："我已经来了六次了，每次你都这样推三推四，我怎样才能成为真正的英雄！今天是最后一次来找你，一定要弄个明白。"

青年说完用力一脚，把智者的门踢开了，直冲进屋里去。

智者坐在一张椅子上，慈眉善目，笑眯眯地看着怒发冲冠的青年人，让他坐下来，说："我等了六天，就等你是否敢打开我的门。要成为真正的英雄，首先要敢于亲自动手打破隔开自己的门，世间万物就藏于一门之隔后。这次你的举动，足以证明你向英雄迈进了第一步。"

青年点头，拜别智者下山去。后来，他真的成了一位英雄。

英雄总是少数的，即便不能成为英雄，但我们都可以做为英雄鼓掌喝彩之人。做好自己的本职，从某种意义上讲，就是生活中的"英雄"。

抓住机遇果断出击

研究表明，对一个人的成功发生决定性影响的机遇是不多的。对机遇的到来，必须要有敏锐的嗅觉和判断能力。当别人对机遇的到来还麻木不仁时，你若能捷足先登，抢占先机，你就抓住了机遇。那些对机遇的到来懵然无知，或后知后觉的人，必然无法挽到它的臂膀。

有一种说法认为"机遇可遇而不可求"，其实，机遇的产生也有其内在规律。如果有足够的勇气，睿智的头脑，以及敏锐的观察力和判断力，机遇也可以被"创造"出来。善于等待机遇、抓住机遇是一种智慧，创造机遇更是一种大智慧。

在奋斗之路上奔跑的人，如果能在机遇来临之前就发现它，在它消逝之前就果断采取行动抓住它，幸运之神必然会来到你的面前。

因此，当机遇向你靠拢时，尽管还带着某些不确定因素，但最明智的做法是，当机立断，将它抓牢，以免机会转瞬即逝，或是日久生变。握住机遇，眼力和勇气是不可缺少的，行动更是不可或缺的。

该出手时便出手！做事不可能有100%的把握！条件允许就要大胆去干，去闯出自己的事业，不要犹豫，不要彷徨，干了不一定成功，但至少为下一次冲击积累了经验，不干却永远不会成功！

第四节　惜学好学
——抉择人生的命运

佛家经典《法句经·教学品》里说道："若人寿百岁，邪学志不善，不如生一日，精进受正法。"意思就是，如果能活一百岁，却去学不好的东西，还不如活一天，去勤奋追求真理。

珍惜似金的光阴

据说古代的高僧们坐禅能忘却时间，达摩等待二祖神光慧可前来接受禅宗衣钵，在少室山入定，一面壁就是九年，年深日久，衲衣的折痕都映在了石壁上，达摩从定中出时却容颜不改，仿佛时间在他身上是不存在的。佛家常以所谓的"劫"来计量时间，一劫就是天文数字，更何况这"劫"动辄就须以"恒河沙数"来计算！区区数年，实在是不值一提。但对于不过数十年寿数的凡夫俗子而言，就是庄子笔下那以800年为春的大树，在我们看来，也是不可企及的。如此想来，时间之于人类，其实真的并不富余。因此，怎么把属于自己的日子过好，让自己和身边的人都快活，对于每个人就很有意义了。

好学的人生，才是充实的人生

时光可以慢慢陈旧，时间却永远不会为谁苍老，所以每一天都是新的，都要用心安排，不可荒废。不要等今天变成昨天再彷徨，不要等年少变年老再伤悲，不要等现在变成过去再追悔。珍惜似金的光阴，把握生命，人生会更精彩。

学者刘书成在他生命最后未完成的一篇文稿中指出："作为有思想有感情的人类，只有得到个性的全面发展，才能像人一样的生活，才有价值可言。"他还说："一天不读书，就觉面目可憎。"

台湾有一个著名的企业家陈茂榜，他的讲演经常折服所有的听众。尤其是他记数字的本事超人一等，举凡中国和世界各国的面积、人口、国民所得、贸易额等，他都如数家珍。

事实上，陈茂榜的学历只有小学毕业，但他却荣获了美国圣诺望大学颁发的名誉商学博士学位。

一个只有小学文化的人，能够荣获名誉博士学位，主要凭借他的实力，这个实力就是一辈子坚持每天晚上不间断地自修。

陈茂榜15岁辍学到一家书店当店员，每天从早到晚工作12个小时。但是下班以后，读书就成了他的享受，书店变成了他的书房，或坐或卧，任他遨游。

日子一久，他养成了每晚至少读两小时书的习惯。他在书店工作了八年，也读了八年书。陈茂榜说："学历固然有用，但更有用的是真才实学。"

由此似乎可以得出这样一句话：一个人的命运，决定于晚上 8 点到 10 点之间。

简言之，"人生存在的目的"最后是需要由自己来抉择的。惜时，才能使每一分钟都过得有价值；好学，才能使自己拥有真才实学，实现自己的目标。只有惜时好学，才能拥有充实而幸福的人生。

第五节　扬人善事
——宽恕别人就是善待自己

佛家经典《优婆塞戒经·自他庄严品》中说道："扬人善事，隐他过咎，人所惭耻处，终不宣说，闻他秘事，不向余说。"说的就是要赞扬别人的善事，不要宣扬别人的过失，对别人惭愧羞耻之事，不要宣讲。听到别人的隐秘，也不要向其他人讲述。

不论是非，宽以待人

佛说，修行，一定要避免造口业。生活中说话的机会很多，但是要说得有意义则不简单。例如：解决他人烦恼，彼此沟通了解，引导他人学佛……如果只是在制造是非，则自己与他人，都会两败俱伤。

常常听到别人说"某某人很坏、很差劲"之类的评论。如果没有与当事人相处过，也并不了解其为人，如此听一听也就算了，千万不要再度宣传，因为，人往往透过主观来评断人、事、物，难免与事实是有差距的。

高雄文殊讲堂的四大根本戒规就是：不说是非、不听是非、不传是非、不打妄语。全部跟人们的这张嘴有关。

说话是一种义务，也是一种责任。如果将说话视为一种"享受"，不想负责任，最后很可能因为话太多而伤害了自己。

谈论是非，只会蒙蔽自己的心性。谈是非时，内心呈现的是纷扰的情况、不安的状态。而且，"说人者人恒说之"，若不谨言慎行，可以预见的，这个人将永难挣脱是非的困扰了。

其实，真正善行的人，从不会在意或者议论别人的过失与缺点，而是时时处处宽容宽待他人。

有四个和尚甲乙丙丁，为了修行，他们一起参加禅宗的"不说话修炼"。

在四个和尚中，有三个道行较高，只有一个道行较浅，由于修炼时必须点灯，所以点灯的工作就由道行浅的和尚丁负责。

修炼开始了，四个和尚围绕着那盏灯，盘腿打坐。几个小时过去了，四个人始终默不作声。

这时，油灯中的油愈燃愈少，眼看就要枯竭了。丁和尚眼睛始终盯着那盏灯，见此情景甚为着急，可是他不敢说话。

突然，一阵风吹来，灯被风吹得左摇右晃，眼看就要熄灭了。

和尚丁实在忍不住了，他大叫一声："糟糕！灯熄了！"

其他三个和尚，原来都是闭目打坐，始终没有说话。一听到和尚丁的叫喊声，三个和尚都睁开了眼睛。

和尚丙立刻斥责和尚丁说："你叫什么？我们是在做'不说话修炼'，你怎么能够开口说话呢！"

和尚乙闻声大怒，他冲着和尚丙说："你不是也说话了吗？太不像话了！"

和尚甲一直沉默静坐，这时却傲视着另外三个和尚说："哈哈！只有我没说话了。"

看起来，"严以责人，宽以待己"是通病，那三个得道的和尚在指责别人"说话"之时，却不知道自己也犯下了"说话"的错误了。在生活中我们要学会宽容别人，不总是挑剔别人，应多看自己的缺点、别人的优点，严己宽人，而不是严人宽己。宽容如水的温柔，在遇到矛盾时往往比过激的报复更有效。它似一捧清泉，款款地抹去彼此一时的敌视，使人们冷静下来，从而看清事情的本来缘由。同时，也看清了自己。两匹马同行，一匹将另一匹的脖颈咬伤了，结果被咬的反而主动安慰因咬伤自己而羞愧不安的那匹马。故事虽小，却揭示了一种品德，那便是宽容。

当一只脚踏在紫罗兰的花瓣上时，它却将香味留在了那只脚上。这就是宽恕。

不念旧恶，不憎恶人

宽恕别人并不困难，却也不容易。关键是，心灵是如何选择的。当一个人选择了仇恨，那么他将在黑暗中度过余生；而一个人选择了宽恕的话，那么他就会将阳光洒向大地。古语常说："知错能改，善莫大焉。"既然如此，面对一个人在无意中犯下的错误，为何不能宽恕呢？

一位法师曾经讲过一件他亲身经历的事：

慈航法师在鼓山做衣钵时，有一个茶房头很坏心，曾为难过慈航法师。

一天，慈老搬房间，那位杂房来了。慈老对他说："你来得正好，请你帮我看守一下东西，我把这棉被先搬去，马上就来。"

不一会儿，慈老回来时，发现抽屉里的100元银洋少了几十个，这不是茶房头还有谁？但是，揭穿了此事对他的名誉有很大的影响，钱少了有再来的时候，失去名誉的人怎么恢复呢？慈老想到这里，就装作不知道。

过了一会儿，茶房头来告辞，慈老反而再拿出15块银圆送给他，他不肯接受。慈老告诉他，人应互相帮助，他现在当衣钵，每月有20元，这一点儿给他拿去用没有关系，这样他才接受了。

不久，寺中很多人怀疑茶房头哪来这么多的钱？茶房头说是慈航法师送给他的。又有人问慈航法师是不是真的，如果换作是别人早就揭发茶房头的窃盗行为了，但宽宏大量的慈老，始终不肯说一句茶房头的不好，这种"不念旧恶，不憎恶人"的行为，唯有菩萨的"等念怨亲"的观念才能做到，向怨恨的人行布施，不说怨恨的人的坏话，这种精神是多么伟大！

"不念旧恶"，不去报仇雪恨，对有修养的人来说还容易做到；"不憎恶人"，怨憎相会的时候要不生起讨厌的心来却很难。要做到"怨亲平等"，非要菩萨的心肠不可。人不能离群独居，人生何处不相逢，把喜欢的人记在爱心之中，把厌恶的人也包容在爱心之内，这样才能做到"怨亲平等"的看待。

当人们的心灵为自己选择了宽恕的时候，便获得了应有的自由。因为放下了仇恨的包袱，无论是面对朋友还是仇人，都能够赠以甜美的微笑。佛道中常讲究缘分，在众生当中，两个人能够相遇、相识，那便是缘分。如果因为仇恨而相识，不可否认的是，在彼此的心里已经牢记住了对方的名字，如果因为整天想着如何去报复对方而心事重重，内心极端压抑，那么倒不如放下仇恨，宽恕对方。或许，你能多一个可以谈心的朋友。每一个人都需要朋友，多一份宽恕，便能令自己多一位朋友。

美国前总统林肯幼年曾在一家杂货店打工。一次因为顾客的钱被前一位顾客拿走，顾客与林肯发生争执。杂货店的老板为此开除了林肯。老板说："我必须开除你，因为你令顾客对我们店的服务不满意，那么我们将失去许多生意，我们应该学会宽恕顾客的错误，顾客就是我们的上帝。"

在许多年后，林肯当上了总统。做了总统后的林肯说："我应该感谢杂货店的老板，是他让我明白了宽恕是多么的重要。"

学会宽恕别人，就是学会善待自己。仇恨只能永远让人们的心灵生活在黑暗之中；而宽恕，却能让人们的心灵获得自由，获得解放。宽恕别人，可以让生活更轻松愉快；宽恕别人，可以让我们有更多的朋友。

宽恕别人，就是解放自己，还心灵一份纯净。

《尚书》中有"有容，德乃大"之说，《周易》中提出了"君子以厚德载物"，荀子也主张"君子贤而能容罢，知而能容愚，博而能容浅，粹而能容杂"。

正如《优婆塞戒经·自他庄严品》所讲："少恩加己，思欲大报。于己怨者，恒生善心。"就是说，别人对自己有一点点恩德，就应想着怎样大大地回报他。对怨恨自己的人，要总是怀着善心。

　　有一位智者，和一个朋友结伴外出旅行。在行经一个山谷时，智者一不留神跌倒了，他的朋友拼尽全力拉住他，不让他葬身谷底。智者得救后，执意要在石头上镌刻下这件事情。

　　他的朋友问："真的有必要这样做吗？"智者说："当然。"于是，他在石头上刻下了："某年某月某日，在经过某山谷时，朋友某某救我一命。"刻完后，他们继续自己的旅程，有一天，在海边，两个人因为一件事情争吵起来，朋友一怒之下，给了智者一耳光。智者捂着发烧的脸说："我一定要记下这件事情！"他的朋友说："随你记，我才不怕！"智者于是找来一根棍子，在退潮后的沙滩上写下了："某年某月某日，在某某海滩上，朋友某某打了我一耳光。"朋友看过之后不解地问他："你为什么不刻在石头上呢？"智者笑了，说："我告诉石头的，都是我唯恐忘了的事情，我要让石头替我记住；而我告诉沙滩的事情都是我唯恐忘不了的事情，我要让沙滩替我忘了。"朋友惭愧。

　　聪明的人懂得善待别人，不会抓着对方的错误不放，他会用自己的方式走出没有结果的故事。将不值得记住的事情统统交给沙滩吧，让海水卷走那些不快，伴随着新一轮朝日诞生的定是你无忧的笑脸和无瑕的心。

第六节　澄心静欲
——祛除杂念享受自在人生

在人生的旅程中，如果一味地急躁冒进，身体就会疲倦。如果身体疲倦了，心意就会恼恨，恼恨如果产生了，自然会后悔而不愿继续修行。修行一旦悔退，罪业必定会增加了。只有心身清净安乐，道就不会失去了。

生活中要学会心神清净安乐

《景德传灯录》记载禅宗二祖慧可见初祖达摩断臂求法的故事：

神光（慧可）长立雪中经夜，积雪高过膝盖。达摩才问："你为什么站在那儿？"神光答："唯愿和尚慈悲，开甘露门，广度群品。"达摩说："过去以来诸佛妙道，难行能行，难忍能忍。岂以小德小智、轻心慢心，轻冀真乘，徒劳勤苦。"神光为表明心迹，立即拿一把利刀，将自己的左臂砍了下来。达摩便说："诸佛最初求道，为法忘身；汝今断臂吾前，求而可在。"故为更名慧可。

慧可又问："诸佛法印可得闻乎？"达摩说："诸佛法印，匪从人得。"接着慧可又问："我心未宁，乞师与安。"达摩说："将

文化与人生——扮靓人生的素养

心来，与汝安。"慧可找了老半天，拿不出他的心来，便说："觅心了不可得。"达摩说："我与汝安心竟。"

这段脍炙人口、千古传颂的禅宗公案，清楚明示学佛修行的根本意趣究竟何在。依佛教的专门术语来说，学佛的最终目标是求"了生脱死，解脱自在"。

换成现代话，就是追求"心灵的超越，解脱烦恼的束缚"。具体地讲，乃是学习"如何使心灵超越痛苦的智能，达到清净安乐的心神"。

　　一个僧人夜晚诵读迦叶佛遗教经，声音悲切紧张，产生了后悔不想继续修行之心。佛问他："你过去在家里，曾做过什么事？"回答说："喜欢弹琴。"佛问："琴弦如果太松了怎样？"回答说："发不出声音。"佛又问："弦太紧了怎样？"回答说："弦断声绝。"佛再问："如果弦不松不紧正适中怎样？"回答说："各种声音都谐调具备了。"佛说："出家人学道也是如此，心意如果调整适宜，道就可得了。在修行过程中如果一味地急躁冒进，身体就会疲倦。如果身体疲倦了，心意就会恼恨，恼恨如果产生了，自然会后悔而不愿继续修行。修行一旦悔退，罪业必定会增加了。只有心身清净安乐，道就不会失去了。"

人每天辛苦、努力工作，为的是什么？是什么力量在推动他们勤苦工作，早出晚归？大家都能够答出，是"名、利"。"利"比"名"还重，假如今天一点好处都没有，一分钱都得不到，他肯不肯去做工呢？自然就懒怠了，提不起劲儿，不肯工作了。所以，社会运作的动力根源就是"利"。其次就是"名"。释家思想既不爱名，也不要利，他们相信佛在十法界比人还要辛苦，还努力，这是什么力量在推动呢？这个力量就是"大慈悲光明云"。想一想，做母亲的对她的孩子，特别是婴儿，照顾得无微不至，她为的是什么呢？为名？还是为利？她什么都不为。那是出于内心的爱护，这个爱心就叫"慈悲心"。佛对于一切众生，大慈大悲，这种慈爱是平等的、是没有什么条件的，这是一个无比强大的力量永恒地在推动着诸佛菩萨，没有止境地在十方世界教化无量无边的众生。

每一个人都在追求幸福！但什么是真正的幸福呢？佛家云"内心安适，俯仰无愧"的人才有真正的幸福。

心安福自来

古人说："无所为而为，善而不居，能得心安。"这是教导人们行善时不要想"我又在做善事喔！我又在帮助人！"真正的"纯善"，是牺牲而不是获得，是奉献而不是占有。

牺牲奉献才会懂得，帮助别人是真正的幸福之道。只有透过与别人的分享，一个人的成就才有意义，自私才得以消融，才会知足、感恩，心也才会安！

心安的人，自然能控制自己的欲望，"欲望"可以是推动一个人向上的一股力量，也可以是主宰一个人堕落的源头。

人生的浮浮沉沉，欲望乃是最大的滥觞，因此自我控制的层次，亦可视为个人修持成就之指标。不能控制六根欲望的人，当然就得不到安详。

欲望太多，内心自是无法清净，那么幸福又从何而来？

所以，想要心安就要做到清净安乐。清净安乐就是升华精神境界，保持身体健康的最佳生存状态。清净养神是中国传统养生文化中最主要的特色，就是指保持淡泊宁静的状态以调节人的精神情志。中国养生理论所强调的清净养神，并非叫人心如死灰，什么也不想，而是应当顺时而动，动中求静，行止有常，饮食有节，心神安定，举手投足皆应平和。

人的生命活动就其本质而言，实际上就是通过机体的运动来保持一种和谐与稳定的状态。这种和谐与恒稳不仅体现在身体各部分之间的相互协调，而且还反映在内在生命与外界环境之间的相互平衡上。一旦破坏了这种平衡，生命活动就会陷入无序和紊乱，乃至终止。"清净""淡泊"正适应了生命活动的这种本质要求。

一个人生命力的强弱，不但表现在体质的优劣上，同时也取决于精神旺盛与否和创造力的高低。清净状态能够培养一种健康的人格，使人的身心变得美好、坚强、丰满、充实，摆脱疾病、苦恼、不安和无气力的状态。可见清净状态确实可以通过培养独立脱俗的人格来增强人的内在精神力量。此外，清净状态有助于增强人们思维的敏捷程度，激发更大的创造力。

千万别误解清净安乐，就是整天想入非非，无所事事，逃避世俗，逃避问题，躲入心灵的避风港，晨钟暮鼓，眼不见为净。

真正做到清净，方能心安；心安，则会身心健康，举止平和。心安，清净，平和，福自然会来。

第七节　人生如棋
——不要有懈怠之心

懈怠的人，就像用来舂东西的杵。只有两个结果，一是不能自己支使自己，一天比一天遭受磨损以致损坏。二是不能自立，丢到地上就躺在地上，天长日久渐渐不能使用。

人生不可懈怠

佛法云："精进庄严故，能破魔怨，入佛法藏。"什么叫精进呢？精进就是一种努力，就是一种奋斗。任何人生存在这个世界上，都希望事业有所成就，这就需要努力，需要奋斗。一个人的成就，往往是经过百折不挠、不懈努力换来的。世间人为的、暂时的人生幸福和快乐，都要付出很大的代价去努力，去奋斗。

那么，是不是说所有的努力都叫精进呢？不是的。佛法的精进有它精进的内涵，精进就是断恶修善的行为。比如，有些人努力地干坏事，努力地杀生，努力地偷盗，努力地说假话……这些都不可以称为精进。

精进要在佛法的指导下，改善自我，断恶修善，这才可以称为精进。

文化与人生——扮靓人生的素养

"精进庄严故，能破魔怨"，一个人如果能在善业的基础上精进用功，就能破除魔怨，破除烦恼。

人生在世，无论做什么事，必须要有大雄、大力、大无畏的精神。兴办事业所遭遇到的障碍、磨难一定很多，如果犹豫不前，或稍一懈怠，就可能会一事无成。

懈怠，就是对于断恶修善之事不尽力。懈是根身的疲倦，怠是心识的放纵。懈怠是人生的病患，根治懈怠的药方就是精进。

过去的圣贤，之所以有成就，哪一个不是经过大死一番的精进？

有一次阿那律尊者，竟然在佛陀的讲经法会中打起瞌睡来。佛陀对于懈怠不精进的弟子，很不欢喜，就喊醒阿那律，呵斥他说：

"咄咄汝好睡，螺蛳蚌壳内；一睡一千年，不闻佛名字。"

阿那律尊者听了佛陀的呵斥以后，心里很惭愧，发愿从今以后不再睡眠，每天不是经行就是诵经。一天两天不睡眠是不要紧，但天天不睡眠，人的精神当然会支持不住，眼睛也会吃不消。经过一段时间，阿那律还是精进不懈地不休息，他的眼睛终于瞎了。

佛陀非常怜悯他，教瞎了眼的阿那律修习金刚照明三昧，不久，阿那律即习得天眼通。

人贪慕轻安，讲究享受，就不能发勇猛精进之心。

玄奘大师西行取经，路经800里流沙，途中失水，几乎死在沙漠之中。但他宁愿向西天一步死，也不愿往东土一步生，若对非宗教的热情、为教的精进，何能至此？慧可大师参拜达摩祖师，立雪断臂，不退初心，若非有精进求法之心，何能至此？

对现实有敏锐的感觉，对外界事物有足够兴趣，广纳新知、积极思维，能够促使大脑产生更多的神经肽，既可激发机体内免疫细胞的活力，又有利于改善机体各组织器官的生理循环代谢的水平，延缓这些组织器官的衰老。所以，往往越是勤奋用脑、求索无悔的人，其全身的健康状况越好。

孔子说"心之官则思"，即多一分进取心和求知欲，纠正懈怠、消极的心理定式，别让自己经常处于"动机欠缺状态"。平时不妨亲近各处媒体，写写日记，更多地去接触一些中外名著和科学文化新知识，养成书道砚耕的好习惯，尽可能地给自己创造一个富于智力刺激的环境，以免铸成日后的内疚和遗憾。

人生之路漫长而又充满坎坷，人们随时随地都会遭遇到许多意想不到的困境，此刻人们更需要以勇气和智慧来不断化解、排除、战胜所遇到的一切困难甚至危险，用自己的力量和行动为人生做一个最好的注脚，让人生不会因为怯懦和懈怠而留下太多的遗憾。

人生如歌，行进在人生路上总会有许多的不如意，总会遇到许多的波折，但只要时刻保持一颗坚定不屈的心和乐观豁达的人生态度，你就会发现，在那厚厚云层后面，太阳依然熠熠生辉。看天空中云卷云舒，人生莫不如此，无论顺境逆境，我们都不该轻慢自己的人生。面对每天的朝阳，调整好纷乱的思绪，笑对人生，在心中轻轻哼唱一曲我们最爱的歌，在歌声中你会发现：人生原来是如此美丽。

人生如棋，我们每日都在勤奋不辍，孜孜以求，以获得人生的最大满足。人生路漫漫，生命在这漫长的旅途中一如白驹过隙，一旦有所懈怠也许就将抱憾终生。命运永远只掌握在自己手中，机会就在身边，只要有所准备，随时就会成功。在人生这局棋中，必须时刻准备，不断审时度势，把握时机，静如处子动若脱兔。失败难以避免，却并不可怕，总结经验，避免再错是人生之旅中获得的最大的一笔财富。

长路漫漫有时会无心睡眠，因为心中有一个理想、有一个追求，它在支撑人们不停地向前，告诫人们永远不可懈怠。

第 3 章

道法自然，逍遥无为：道家文化与人生

道家文化是先秦时期，以老子、庄子为主要代表的思想文化，源头可以上溯到 7000 年以前。英国著名科技史专家李约瑟曾经说过，中国文化像一棵参天大树，这棵参天大树的根在道家；中国人的特性中很多最吸引人的地方都来自道家的传统。我国著名的历史学家吕思勉也说过："道家之学实为诸家之纲领。诸家皆于明一节之用，道家则总揽其全，诸家皆其用，而道家则其体。"

第一节　处无为之事
——巧于变通的管理艺术

老子最经典的智慧就是"为无为，则无不治"。老子在这里讲的"无为"并不是无所作为之意，更不是什么都不做。这里的"无为"是指不妄为、不随意而为、不违"道"而为。相反，对于符合"道"的事情，就必须以"有为""为之"。

无为才能无不为

老子所指的"无为"智慧，只是让人在处世之时顺应大势、顺应自然。所以老子这种"无为"不仅不会破坏事物的自然进程和自然秩序，而且还有助于事物的成长和发展。

不该做的事情不要勉强，要克制自己的情绪，是"无为"的核心内容。不把个人的意志强加在人与事之上，并不是怯懦的表现，而是一种大智慧。它能使人在潜移默化中走向自觉，收到良好的成效。

唐睿宗时，嫡长子李宪十分受宠，受封宋王。唐睿宗的另一个儿子李隆基聪明有为，他杀死了篡权乱政的韦皇后，为唐睿宗登上皇位立下了大功。

按照礼制，李宪当被立为太子，大臣也对唐睿宗说："嫡长子李宪仁德忠厚，没有任何劣迹，立他为太子既合礼法，又合民心，望皇上早日定夺"。

唐睿宗认为李隆基雄才大略，更适合治理天下，所以一时陷入了两难境地。立太子的事于是一拖再拖，没有定论。

李宪看出了唐睿宗的心思，心有所悟。他对心腹说："父皇不肯立太子，他是对我有疑虑啊！李隆基虽不是嫡长子，但他功劳很大，父皇是中意他啊。"

李宪的心腹说："于情于理，太子之位都是您的，这事绝不能相让。我马上和百官联络，共同上书，向皇上说明利害，一定促成这件大事。"

李宪的心腹和百官议定，但他们在起草奏书时，李宪赶来，对百官说："我考虑了多时，决定放弃太子之位，你们就不要为我费心了。"

百官十分诧异，说："太子之位事关您的前程性命，怎能轻易放弃呢？自古这个位置你争我夺，本是常事。有我们替您说话，您还怕什么呢？"

李宪说："大丈夫做事有所为，有所不为，我是十分慎重的。李隆基是我的弟弟，他有大功于国，父皇有心立他为太子也是情理之中的事。我若据理力争，不肯退出，我们兄弟之间必有冲突，朝廷就不会平安。如果危及了国家，我岂不是罪人吗？这种事我绝不会干。"

李宪制止了百官，又亲自上书推荐李隆基为太子。他说："赞平王文武双全，英勇睿智，他当太子有利于国家，我是衷心拥护他的。我个人的得失微不足道，请父皇不要为我担心，早下决断。"

睿宗很受感动，他对李宪说："你深明大义，我就放心了。你有什么要求，我一定都会满足你。"

李宪一无所求。他说："一个人只要顺其自然，就没有什么事可以妨碍他了，我不会强求什么。"

李隆基当上太子后，第一个拜访李宪。他说："大哥主动让出尊位，不是大贤大德的人难以做到。大哥是如何设想的呢？"

李宪说："你担当大任，大唐才会兴旺。我不能为了私利而坏了国家大事。望你日后勤政爱民，做个好皇帝，为兄就深感安慰了。"

李隆基连声致谢，又说要和他共享天下。李宪不让他说下去，他告诫李隆基："很多事是追求不来的，只有顺天应命，才不会多受损伤。将来治国不要逞强任性，这样效果会更好的。"

后来，李隆基登上了帝位，即唐玄宗。他顺应民情，推出了一系列利国利民的政策，使唐朝进入了另一个盛世——开元盛世，天下走向大治。

李宪在立太子事情上的无为，是深思熟虑的，他既避免了一场宫廷内斗，又使自己全身而退，赢得了让贤的美名，这个结果无疑是很完美的。

"无为"思想在老子的《道德经》中有多次的阐述和解释。本章开头第一句即是"道常无为而无不为"。老子的"道"不同于任何宗教的神，神是有意志的、有目的的，而"道"则是非人格化的，它创造万物，但又不主宰万物，顺从自然万物的繁衍、发展、淘汰、新生，所以"无为"实际上是不妄为、不强为。这样做的结果，当然是"无不为"了。在谈到"道"的法则在人类社会的运用方面，老子根据自然界的"道常无为而无不为"，要求"侯王若能守之"，即在社会政治方面，也要按照"无为而无不为"的法则来实行，从而引出"化而欲作，吾将镇之以无名之朴"的结论。

他认为，理想的执政者，只要恪守"道"的原则，就会达到"天下将自定"这样的理想社会。上面所说的"镇"，有人解释为"镇压"，并据此认为，老子在这章的说明中露出了武力镇压人民的面目：谁要敢闹事，就要严厉加以镇压。显然这种解释有悖于老子的原意，"镇压"应当是"镇服""镇定"，绝非是武力手段。

"道"看上去是抽象的，无形的。什么是"道"？怎么来解释它？"化而欲作，吾将镇之以无名之朴。无名之朴，夫亦将无欲。不欲以静，天下将自定"这就是老子心中的"道"，其实是不欲以静。王侯守道，万物自化，不欲以静，天下将自定，天下自定了，便自然是万物自化，这是相通的，王侯守道与不欲以静也是相通的。

"无为"让社会更和谐

在老子看来，王侯能依照"道"的法则来为政，顺其自然，不妄加干涉，百姓们将会自由自在，自我发展。这是"无为"的象征。所以"道"也"无为"。"静""朴""不欲"都是"无为"的内涵。统治者如果可以依照"道"的法则为政，不危害百姓，不胡作非为，老百姓就不会滋生更多的贪欲，他们的生活就会自然、平静。

想要治理天下，就不能够违背人民的意愿和本性而加以强力统治，否则一定会失败；强力把持天下，就一定会失去天下。因此，圣人不妄为，所以不会失败；不把持，所以不会被抛弃。世人秉性不一，有的刚强，有的羸弱，有的安居，有的危殆。因此，圣人要除去那种极端的、奢侈的、过度的措施法度。

老子在这里主要谈了统治者应行"无为"之治。他极力宣传"无为"

的政治思想，主张一切都要顺应自然，希望那些得"道"的统治者治国安民，做任何事情都不要走向极端，不要心存奢望，不要好大喜功。这里面也有一个"群众是真正的英雄"的观点。他告诫那些当权者，不要忘记"水能载舟，亦能覆舟"的道理。人类追求功名地位，为的是显耀门庭，光宗耀祖，得到最大限度的显赫；追求优裕富庶的物质，是为了有一个温馨舒适的安泰生活。这是人之常情，也促进了社会的发展。但是，对于统治者，既然已经成为万人之上的显耀人物，就得有一个适可而止的思想和行动，换句话说就是有所收敛。要懂得有阶级对立的情况下如何调和内部矛盾，维护社会稳定，深刻认识到人民力量的伟大，赢得民心，使水载舟，而不致覆舟。

老子运用"无为"之治，对于"有为"之政所提出的警告，也是非常恰当的。"有为"就是以自己的主观意志去做违背客观规律的事，或者把天下据为己有。事实上，老子所讲的"无为"，并不是无所作为，也不是在客观现实面前无能为力。他解释说，如果以强力而有所作为或以暴力统治人民，都将是自取灭亡，世间无论人或物，都有各自的秉性，其间的差异性和特殊性是客观存在的，不要采取某些强制措施，而把自己的主张意志强加于人。那些睿智统治者，由于懂得这一道理，往往能够顺其自然、不强制、不苛求，因势利导，遵循客观规律，使政权得到稳固，国家更强盛。

老子提出的"镇之以无名之朴"的主张，细分析一下也是一种中心调节的观点。尽管他没有将"镇"提到哲学的高度，但客观上已体现了调节在自然规律中的重要性。他让人们在自己的生活当中，认识到"中心"在对立中的调节作用，即在什么情况下对立互为因果，在什么情况下对立不互为因果。

"道"永远是顺其自然而无所作为的，却又没有什么事情不是它所作为的。王侯如果能按照"道"的原则为政治民，万事万物就会自我化育、自生自灭而得以充分发展。自生自长而产生贪欲时，就要用"道"来镇住它。用"道"的真朴来镇服它，就不会产生贪欲之心了，万事万物没有贪欲之心了，天下便自然而然地达到稳定、安宁。

"无为而治"又是一种管理之道。在老子看来，理想的社会应该奉行"无为而治"，管理者应当不断减少对人的管制和束缚，制定政策时不能政出频繁，更不能朝令夕改。

任何事物都有其自身的规律，规律是不可否认的，都是不以人们的意志为转移的，我们只能尊重规律，利用规律。水遇热变成蒸汽，这是客观存在，无法改变，但我们却可以用这一规律来生产暖气，制造人工降雨等等。这正说明我们无法改变铁一般的规律，却可以顺应它，利用它。

总之，老子的"无为"不是叫人不做事，是叫人不要刻意做某件事。不刻意做，相当于佛学里的不执着。老子提倡自然，就是让事情自然而然地发生，不要人为改变。"无为"强调的是一个和谐的心态和生活环境。

第二节　上善若水
——温柔敦厚的修身之道

《道德经》中说："上善若水，水善利万物而不争，处众人之所恶，故几于道。居善地，心善渊，与善仁，言善信，正善治，事善能，动善时。夫唯不争，故无尤。"

意思就是，最高层次的"善"就像水一样，水可以容纳于一切容器之中，而它本身没有固定的形状。它甘心停留在人们所厌恶的地方，那就接近于懂得"道"了。做人要像水那样甘于卑下，心灵要像水那样深沉。交往之中要善于选择仁人交往，说话要像水那样真诚，执政要像水那样公平，做事要像水那样灵活圆通，行动要像水那样善于选择时机。它总是不与人相争，所以永远不招怨恨。

包容和谦下是一个领导者必有的品质

一般人看来，当领导的人，大权在握，谁敢不敬？但是，现实却是，做一个好的领导干部，需要不断面对各种各样的问题甚至难题。如果没有良好的心态修养，就有可能失去理智。

唐代刘𬤇在他的《隋唐嘉话》里记载了这样一件事：有一次唐太宗罢朝回宫后，满脸怒气，恶狠狠地说："我一定要杀了这个乡巴佬！"（原文是"会杀此田舍汉！"）长孙皇后赶紧问："是谁冒犯陛下了？"

唐太宗说："除了魏征还能有谁？他多次在朝堂上当面折辱我，经常使我不自在。"长孙皇后听了，赶紧换上朝服又来见唐太宗。唐太宗吃了一惊："你为什么要这样？"皇后说："我听说皇上圣明，大臣们才会忠诚。现在陛下您是圣明天子，所以魏征才能直言。我哪儿能不祝贺您呢？"

唐太宗明白了皇后的意思，终于消了气。而且，以后唐太宗变得更加虚心纳谏，对魏征更加器重，朝廷上下君臣一心，开创了我国历史上有名的"贞观之治"的盛世局面。正所谓"马上得天下，下马治天下"，唐太宗为了做一个好皇帝，逐渐改变了自己的脾气，变得虚怀若谷，虚心纳谏，成为我国历史上杰出的领导者，为后世树立了榜样。

唐朝皇室确实是把老子奉为自己的祖先的。而唐太宗的变化，也的确应了老子所说的"上善若水"。水是现实生活中最常见的事物，水是生命之源，它滋养着万物，让万物都承受其福泽。水的品格一是包容，二是谦下，唐太宗就是这样一位具备了这种品格的领导者。

俗语说："人往高处走，水往低处流"。水在这个物欲横流的世界里，甘愿居下流，包容世间所有的污浊灰垢。老子告诫人们，做人处世也要像水一样，宛若涓涓细流，滋润万物。"水善则利万物而不争，此乃谦下之德也；故江海所以能为百谷王者，以其善下之"，只有善下才能广纳群贤包容万物、容容不同己见，容人之短纳人之长，这最能显示一个智者的胸怀。

老子说，正是因为水包容了世间万物，很大程度上不为人所理解，也正是这样的人才会有所成就。因此，老子不断强调人的行为要像水一样，善于甘处下地，心境要像水一样善于容纳百川，行为要像水一样助长滋养万物，说话要像水一样有准则，做事更要像水一样学会调剂融合，还要善于把握机会，相机而动。

周公是周文王的第四子，文王为周代的发展奠定了坚实的基础，但是他没有来得及灭掉商朝就去世了。周武王即位之后，周公就成为其得力助手，他与姜尚（姜子牙）共同辅佐武王，筹划灭商大计。不久，周公与武王在孟津召集诸侯订立盟约，检阅部队攻打商朝。就在孟津会盟的第二年，武王在周公等人的辅佐之下，统率大军在牧野誓师。商纣王在慌乱之中抓来一批奴隶，结果这些人早就对商纣王的统治心怀怨恨，与武王的军队刚一交战就掉头反戈，商朝军队溃不成军。商纣王自知失败，登上鹿台自焚而死。从此，商朝灭亡，周朝建立了。

灭掉商朝之后，武王征求大家的意见，如何处置殷商的贵族以及那些奴隶。周公就说，应该让殷人在自己的地方上安居乐业，继续耕种土地，还要甄选殷人中有仁德的人。周公的举措深得武王赞许，也大获民心。那些深受殷纣王残害的人终于重见天日。

后来由于武王日夜操劳，身染重病。周公焦虑万分，向历代先王祈祷，愿意代替武王而死。可是他的祈愿并没有换回武王的好转，武王最终还是病故了。武王在临终前将王位传给了周公，周公不肯接受。武王死后，周公拥立武王的儿子即位，即周成王。可是成王毕竟年幼，处理国家的政务就落到了周公身上。此时受封于东方的管叔与蔡叔对周公代理朝政十分不满，管叔按照兄弟排行是第三，周公是第四，管叔自然不满周公独揽大权。蔡叔排行第五，也支持管叔。他们散布谣言，说周公企图谋害成王，篡夺王位。

周公在此形势之下，先稳定内局，说服姜尚以及召公，然后东征讨伐管蔡的叛乱。这样，战乱平定后，周公也把周王朝的统治扩展到东部沿海了。

周公班师回朝就决定营建东都洛邑，他还制定了一整套礼乐制度。洛邑建城之后，礼乐也制成了。此时，周成王已经长大，周公便把政权交还给了成王，自己则退居辅佐之位。周成王执政的时候，周公担心成王贪图安逸，就劝勉成王，让他勤劳治国，关心人民疾苦，否则一味骄淫奢侈，将落得可悲的下场。

周公一心为国为民，浸透着老子"上善若水"的精神。即便身居高位也不高高在上，虽然立下了汗马功劳，做出了卓越贡献，却也是兢兢业业，克己奉公。

水是流动的智慧，是滋养万物的源泉。水的品格使人们明白：并不仅仅是要向上，还要"善下"。善于学习水的品格，才能保证成功。

第三节　柔曲进取
——曲则全，枉则直

能柔曲的因而能自我保全，懂得纠正的便能变直，能低洼凹陷的则能自我充盈，懂得护守现成的稳定则能得到真正的逐渐更新，索取少则能得到更多，索取多则反而导致自身的混乱迷惑。

委曲才能保全

道家是能出世也能入世的。"曲则全""枉则直"，都是极其实用的生活智慧。

一个年轻人毕业后被分配到某海上油田钻井队工作。在海上工作的第一天，领班要求他在限定的时间内登上几十米高的钻井架，把一个包装好的漂亮盒子送到最顶层的主管手里。

文化与人生——扮靓人生的素养

他拿着盒子快步登上高高的狭窄的舷梯，当他气喘吁吁、满头是汗地登上顶层，把盒子交给主管时，主管只在上面签下自己的名字，就让他送回去。于是他又快跑下舷梯，把盒子交给领班，领班也同样只在上面签下自己的名字，便让他再送给主管。

他看了看领班，犹豫了一下，又转身登上舷梯。他第二次登上顶层把盒子交给主管时，浑身是汗，两腿发颤，主管却和上次一样，在盒子上签下名字，让他把盒子再送回去。他擦擦脸上的汗水，转身走向舷梯，把盒子送下来，领班签完字，让他再送上去。

这时他有些愤怒了，他看看领班平静的脸，尽力忍着不发作，又拿起盒子艰难地一个台阶一个台阶地往上爬。

当他上到最顶层时，浑身上下都湿透了，他第三次把盒子递给主管。主管看着他，傲慢地说："把盒子打开。"他撕开外面的包装纸，打开盒子，里面是两个玻璃罐，一罐咖啡，一罐咖啡伴侣。他愤怒地抬起头，双眼喷着怒火，射向主管。

主管又对他说："把咖啡冲上。"年轻人再也忍不住了，一下把盒子扔在地上："我不干了！"说完，他看看摔在地上的盒子，感到心里痛快了许多，刚才的愤怒全释放了出来。

这时，这位傲慢的主管站起身来，直视他说："刚才让你做的这些，叫作承受极限训练。因为我们在海上作业，随时会遇到危险，这就要求队员身上一定要有极强的承受力，随时承受各种危险的考验，才能完成海上作业任务。可惜，前面三次你都通过了，只差最后一点点，你没有喝到自己冲的甜咖啡。现在，你可以走了。"

"曲则全"便是做人处世与自利利他之道。为人处事，善于运用巧妙的曲线，便可事事大吉了。换言之，做人要讲艺术，便要讲究曲线的美。比如说要批评别人，直接指责别人可能受不了，可是如果换种口气，说得委婉一些，那么对方接受起来就容易多了。所以，直道而行是好事，可是适当情况下走走曲线也是很有帮助的。

历史上"曲则全"的例子很多，比如汉武帝乳母的故事。

据说汉武帝有个奶妈，两个人感情十分深厚。奶妈因为皇帝是自己带大的，有靠山，所以在外面常常做些犯法的事情，"尝于外犯事"。后来汉武帝知道了，大概是有人去告了状，也可能是奶妈犯的法太大了，于是准备把她依法严办。奶妈只好求救于东方朔。

东方朔教奶妈一个办法，说："你切勿求皇上饶恕你，这件事情只用嘴巴来讲是没有用的。等皇上下令要办你的时候，会叫人把你拉下去，你什么都不要说，只要走两步便回头看看皇上，不断地回头看他。切记，什么求饶的话都不要说，哺育皇上的事更不要提，否则一定会人头落地。可是如果按照我教你的方法去做，或许还有希望保全你。"

于是，奶妈就照着东方朔的吩咐，在汉武帝要法办她的时候，走一两步，就回头看看皇帝，鼻涕眼泪直流。东方朔站在旁边说："老太婆，你还看什么看啊？皇帝已经长大了，还要靠你喂奶吃吗？你就快滚吧！"东方朔这么一讲，汉武帝听了很难过，想起了从前奶妈的种种好处，毕竟是从小被她带大的，现在要把她绑去砍头，心里实在不忍。于是"帝凄然，即赦免罪"。

这便是"曲则全"的艺术。

如果东方朔直接去向汉武帝求情，汉武帝就会更加生气，甚至可能会怀疑东方朔同奶妈有不法的往来，连东方朔也一起抓起来查办。可是东方朔的这个计策，用不着直接求情，皇上自己就后悔了，也不会怪东方朔与奶妈有往来。而且一国之君，特别是汉武帝这样"穷兵黩武"，很有个人主张的，尤其讨厌被臣子左右，所以东方朔用这种方式把恩惠算在皇上身上，也不至于让皇上反感自己。

弯曲才能伸直

"枉则直"，歪的东西把它纠正过来，就变成直的了。但是如果纠正太过，又会变成弯曲的，所以有"矫枉过正"的成语。

晏婴有一次对曾子说："车轮虽然是圆的，可是却是用山上的木头做成的，木头可是直的啊。这是因为有好的工匠把直的木头拿来加工，使之变成弯曲的圆。木头本身虽然有枯槁的地方，或者是有结疤鼓出来，或者是有个地方凹下去，这些都是缺点。可是经过木工的雕琢，这些缺点就都没有了，便可发出坚强的作用来。所以说，要学会做一个君子，便要谨慎小心，致力学问修养，一天一天慢慢地琢磨成器，如同木工做车轮一样，慢慢地雕琢，平常看不出效果，等到东西做成功了，效果就出来了，到这时候，才看出成绩。"这就是告诉曾子，人的学问、道德、修养，不是一下做得好的。想一蹴而就是不可能的。可见想要"枉则直"是需要时间的，是要慢慢琢磨的，不能妄想着一下就达到效果，否则可能会适得其反。

人生是一个自我磨炼，自我完善的过程，几十年的时间，前面一段不懂世事，后面一段干不了事，剩下能干事的中间一段，正是青年到壮年的宝贵时间，若不能把握，就一瞬即逝，万事成蹉跎。

年轻人总会遇到一些挫折、一些困惑，也总会获得一些机会、一些收获。最忌讳的是，在挫折时浮躁，在收获时浅薄。浮躁和浅薄都不能成事业。洼则盈，低洼的地方水才会聚积；敝则新，有旧才有新。少则得，索取少则能得到更多；多则惑，索取多反而导致自身的混乱迷惑。

比如说，大学生刚毕业的时候找工作，有的人一心只想进入那些大企业、大公司，认为只有在那里自己的能力才能得到充分发挥，才能学到更多的东西。可是大公司人人想进，那些进不去的怎么办？不得已选了小公司，然后便唉声叹气，认为自己是大材小用、明珠暗投，一边漫不经心地上班，一边寻找机会跳槽。

这样的人不在少数。可是这样的人其实很傻。

如果从"全"的方面去求全，"直"的方面去求直，必然无法达到目的，这是因为"全"会走到它的反面"曲"，直会走到它的反面"枉"。所以，为了达到全，不妨先曲；为了达到直，不妨先枉。诚然，大公司、大企业因为实力强大，制度完备，所以有着良好的培训机制，对于人员的锻炼也很重视。可是它们的缺点也是同样显而易见的，公司里人才济济，刚毕业的学生有几人能在其中崭露头角呢？那么多的精英分子都在等待上位，轮到毕业生的时候只怕几年的时间都过去了。

而小企业、小公司里人才没有那么多，如果毕业生有较强的实力，老板往往会更加重视你。而且因为人员较少，晋升的空间大、时间短。或许别人在大公司里还只是一个普通业务员的时候，你在小公司里已经是部门经理独当一面了。

当然，这需要你能够静下心来，不骄不躁，小公司里能学习的东西也同样很多。当你的要求不那么高，能把自己的位置摆低，真诚地去学习，那么就会"少则得"，因为虚心而获得更多。

第四节 四两拨千斤
——零风险的竞争策略

《道德经》中说："天下之至柔，驰骋天下之至坚，无有入无间。"意思是：天下间最柔软的东西能影响天下间最刚强的物体，滴水能穿石，空虚无形之物能够穿越没有间隙的物体。

老子的"天下之至柔，驰骋天下之至坚"智慧，其实并不难理解：天上的风是最柔的，却能通过肌肤，再小的孔隙也能通过；电是最柔弱的，但它能通过金石，透过钢铁。

至柔治刚的智慧

为何至柔能治刚呢？从物理的角度来看，刚性越大，物体的脆性就越大，抗打击的能力也就越低。钻石的确是自然界最硬的东西，但又有谁注意到，钻石甚至比玻璃更易碎呢？而硬度极差的铅，柔韧性却极好，你甚至可以用锤子把它砸的像纸一样薄，也仍然不能将它砸为两半。

有个成语叫："四两拨千斤。"讲的正是以柔克刚的道理。俗语说："百人百心，百人百性。"有的人性格内向，有的人性格外向，有的人性格柔和，有的人则性格刚烈，各有特点，又各有利弊。然而纵观历史不难发现，往往刚烈之人容易被柔和之人征服利用。太过于嚣张的民族，往往容易被低调的民族征服。

　　冒顿是匈奴单于头曼的太子，头曼后来又喜爱别的妻子生的小儿子，想废掉冒顿立小儿子为太子。冒顿便杀掉头曼，自立为单于。

　　当时东胡强盛，听说冒顿弑父自立，内部形势不稳定，便乘机挑衅，派使者到冒顿那里，索要头曼的一匹千里马。

　　冒顿问左右大臣。大臣们都说："千里马是匈奴的宝马，绝不能送给他。"

　　冒顿沉吟着说："东胡索要千里马不过是个借口，假如我们不给，他就有理由攻打我们，就要发生战争。"

　　左右大臣都攘臂愤慨地说："宁可和他们拼一生死，也绝不可示弱送马。"

　　冒顿说："打起仗来就要损失几千几万匹马了，人死的更多，不值得为了一匹千里马付出如此大的代价，况且都是邻国，在乎一匹千里马也显得过于小气。"冒顿便派人把千里马送给东胡。

　　过了不久，东胡又派人来索要单于的一个阏氏（单于的妻子称为阏氏），冒顿又问左右大臣。左右大臣都义愤填膺，说："东胡太没有道义了，竟敢索要阏氏。是可忍，孰不可忍，请您下令发兵攻打他。"

　　冒顿说："为了一名女子和邻国大动干戈，损失人马牲畜无数，太不值得了，况且和邻国友好，何必吝惜一名女子。"便又把东胡索要的阏氏送了出去。

　　东胡王见所求辄获，意气骄横，根本瞧不起冒顿单于，又派使者见冒顿，说："你我两国边境之间有块空地，有一千多里，你也到不了那里，把这块地送给我吧。"

冒顿又问左右大臣该如何。左右大臣们说："这本来就是块无用的土地，给他也可以，不给也可以。"

冒顿闻言大怒，说道："土地是国家的根本，怎么能把土地送给别人！"

凡是说可以把地给东胡的大臣都被冒顿斩首，他下令，集中兵马，有敢迟到者一律斩首，亲率大军袭击东胡。东胡素来轻视匈奴，全然不加防备，冒顿一举消灭了东胡，把东胡的百姓和牲畜占为己有。

冒顿弑父自立，虽属自保，也显露出他凶猛残忍的天性，然而面对东胡的无理要求，却一忍再忍，而且忍常人所不能忍，这是因为他要成就常人所不能成就的事业。

当时东胡最为强大，东胡敢于提出无理至极的要求也是倚仗自己的实力，索要千里马和阏氏不过是想挑起事端，以便自己师出有名，假如此时冒顿不答应请求，正式开战，一定占不到上风。

冒顿偏偏都忍住了，要马给马，要人给人，就是不给东胡开战的机会。同时也以谦卑懦弱的姿态达到骄敌、愚敌、痹敌的目的，同时用所受到的耻辱来激发国内斗士的血性，"知耻近乎勇"，耻辱常常会增强斗志。

东胡见所求无不获，心满意足，既不把匈奴放在眼里，也不屑出兵攻打了，却不知"骄兵必败"，在表面的胜利中，已经输掉了最关键的战争要素。

冒顿战胜东胡的智慧，正是以老子"天下之至柔，驰骋天下之至坚，无有入无间"为指导思想才成功的，或者说，是一种退一小步而进一大步的胜利。倘若东胡是一块巨石的话，那么冒顿就必须要让自己成为一堆棉花，而不是同样硬的岩石，因为棉花与巨石相碰，会很轻松地将其包在里面。而如果巨石与巨石相碰，必然会两败俱伤。

要学会适时避开锋芒

至柔治刚的智慧并非让人们在面对强者时一味退缩、忍让，而是让我们适时地避开锋芒，与别人巧妙周旋，最终达到制胜的目的。历史上最有名的以柔克刚的事例莫过于"将相和"——蔺相如正是由于善用柔术，不但避免了窝里斗，还使廉颇自己认识到错误、主动请罪。

阳刚是年轻人的标志，然而处事过于阳刚就不明智了。遇到问题应该以冷静的心态去对待，在某些不能直接解决的问题上不妨退一步，以一种柔弱的态度转到另一个方向去解决，这就是那些会办事的人通常采取软硬兼施手段的原因了。

第五节　适可而止
——安身立命有分寸

有道的人成就功果就适可而止，不敢执取功果而强梁霸道。不把功果作为凭恃，不借功果而张扬夸耀，不恃功果而骄慢待人，只把功果作为情非得已的必需，并不因此而强霸天下。要知道，事物强壮了就难免趋于老化，这是不合于道的，不合于道总是自速其亡。

人生变故，犹如环流，事盛则衰，物极必反

有智慧的人，明了世事如浮云瞬息万变的道理，不过，世事的变化并非毫无规律，而是穷极则返，循环往复。《周易·复卦·象辞》中说"复，其见天地之乎""日盈则昃，月盈则食"。老子将这种周而复始的自然变化概括为"反者道之动"，也就是说，人生变故，犹如环流，事盛则衰，物极必反。

生活既然如此，安身立命就应该讲究恰当的分寸，过犹不及，恰到好处便是不偏不倚的中和。基于这种认识，就不难明了"物壮则老，是谓不道，不道早已"的道理。这句话老子反复强调过，也就是说凡事要适可而止，留有余地，避免走向极端，特别是在权衡得失进退的时候，务必注意这一点，不能"恃果而骄，恃果而强"。

《菜根谭》里说"花看半开，酒饮微醺"这是一种境界，古诗也有云"美酒饮教微醉后，好花看到半开时"。酒饮微醺，正得其醺醺然然的快感，若是狂饮烂醉，超过了微醺的度，那接下来不仅感受不到酒的好处，反而会头痛、呕吐，在生理上遭受痛苦。还有的人喝醉了之后会做出一些平日清醒时绝对不会做的事，这就不仅仅是个人生理上的痛苦了，还会给其他人带来麻烦。

又如花看半开，自然，花未开时领略不到它的美，而花若全开也就离凋谢之期将近，最美便是半开时，就像是妙龄少女，尚未尽褪孩童稚气，却又未曾沾染人世的风尘，因此半开之花实乃最美之时。

做人要有一种未雨绸缪的心态，得意时莫忘回头，着手处当留余地。

宋朝李若拙因仕海沉浮，作《五知先生传》，谓安身立命当知时、知难、知命、知退、知足，时人以为智见。反其道而行，结果必适得其反。

但是君子好名，小人好利，人们往往为各色欲望所驱使，身不由己，只知进不知退，得意处张扬跋扈，全然不会未雨绸缪。

长孙无忌是唐太宗李世民的宠臣，他早年追随秦王李世民打仗，多有战功，屡有升迁。而且他的妹妹是李世民的结发妻子，贤良淑德，世人敬仰。有这两层关系在，李世民对长孙无忌是非常信任和重用的。

在李世民登基后，长孙无忌受封齐国公，但他从不倚仗自己的身份而骄横行事，每言大事必反复思量，然后方徐徐前进。有人说他太过谨慎。长孙无忌说："身为重臣，当自知厉害，慎对宠恩。我若倚仗皇上垂爱，不知检点，乱进谏言，一来对皇上不敬，二来也会由此失去皇上的信任。怎敢大意呢？"

有一次，在朝会上商议讨伐突厥的事，有人主张可借突厥发生内乱之机发兵讨伐，以成大功。长孙无忌听后却久久不发一言，唐太宗就问他的意见："你足智多谋，相信此事自有明断。你不作声，可是另有打算吗？"

长孙无忌见皇上相询，这才上前应对说："臣以为此时不可征伐。"

唐太宗很奇怪，说："你从前一向主战，今何致此呢？"

长孙无忌说："动止之间，全在变化，焉能不变呢？从前突厥与我为敌，不伐不行。如今突厥刚与我结盟，伐之失信，毁我天威。再说夷狄今已内乱，无力再侵我朝，这正是我朝求之不得的好事，何必多此一举呢？如果一兴刀兵，徒增烦恼不说，恐怕祸患将生，

文化与人生——扮靓人生的素养

与我大唐有弊无利，故不应出兵。"

唐太宗接受了他的谏言，说道："动止之祸，你已言透了。朕若贪恋全功，只怕终有抱憾。"唐朝不攻突厥，突厥感恩戴德，终归顺唐朝。

长孙无忌说明了两个道理，一是事情是不断发展变化的，对同一件事情的处理方式要根据它的变化而有所不同，要因地因时制宜；二是要适可而止，表面上看来唐朝正占了有利时机，可是如果因此而冒进讨伐突厥，后果却是自损大唐威名，让其他附属国家认为唐朝不重结盟的诚信，也就会失去归顺的想法，从这一点来看大唐的损失要比得到的更多。

长孙无忌的权力过大，以至于许多人都不断上书攻击他。唐太宗没有猜忌他，却把这些表文直接拿给他看。长孙无忌背生冷汗，坚持辞官，还泣泪说："陛下信任于臣，可是臣也不该让陛下为难。臣为国做事，本不在意身任何职，倘若为了那些身外之物而令天下猜忌，却非臣之所愿了。"

唐太宗一口回绝。长孙无忌忧心更甚，对自己的家人说："我虽然表面上受到尊崇，可实际上已经处在风浪中了。这个时候，若不知退让，只是倚仗皇上撑腰，只怕他日有悔。"

他的家人反对说："皇上不准你辞官，别人又能把你怎么样呢？他们嫉恨你，难道就让他们得逞吗？你也太软弱了。"这就是世俗的看法，不明白物壮是不合于道的。

长孙无忌说："只进不止，只能授人以柄，时间一长，皇上也会疑心。何况既是皇上厚爱于我，我又何必为了那些虚名而自树强敌，招惹祸端呢？"在他的坚持下，唐太宗只好解除了他的尚书右仆射之职，但仍让他主持门下省的事务。长孙无忌还是推让，唐太宗下诏说："黄帝因为得到了力牧，才能成为五帝中第一个帝；夏禹因为得到咎繇，才能成为三王中第一个王；齐桓公因为得到了管仲，才成为五霸中第一个霸主。我得到了你，才平定了天下，你不要再推让了。"

唐太宗还亲自作了一篇《威风赋》赐给他，以表彰他的功绩。长孙无忌深感其诚，这才勉强留在朝中。此事传出，人们对他的攻击也就戛然而止了。

由此可见，在身处繁盛时期尤其不能恃果而骄，因为事物是在不断转变的，今天的繁盛可能就是明天的衰败，谁也不能保证自己永远在一个永胜不败的境地里，所以要学会适可而止。老子已经告诉了人们，事物发展到极限时，就会向相反的方向发展的道理，所以一定要把握有度，适可而止，这才是永保人生安康发展的处世之道。

第 4 章

浅斟低唱，金戈铁马：古代文化与人生

通过对古代文化的学习，我们会领略到以孤篇压倒全唐的《春江花月夜》，五个意象转换叠加，诗情荡漾，画意幽美，哲理隽永。也会感受到诗仙太白"长风破浪会有时"的豪迈气势，看到他狂放不羁之下"高堂明镜悲白发，朝如青丝暮成雪"的忧愁悲愤。同时我们也能够理解到杜甫"朱门酒肉臭，路有冻死骨"的忧国忧民思想。在宋词的领域里，苏东坡"大江东去浪淘尽"的磅礴气势，李清照"帘卷西风，人比黄花瘦"的清新委婉，就如同一曲《黄河大合唱》的豪放和江南小曲《茉莉花》的婉约，彼此交织映照，让人有着无穷的感慨与回味。

第一节　书剑从军

——不教胡马度阴山

纵览中国封建史，开元时期出现了自汉武帝时期之后的第二个盛世局面。盛唐人也每以汉朝人自比。

要有保家卫国的壮志

初唐诗人很多都去过边关，上过前线，带过兵，打过仗，有的还因军功而升官晋爵。如骆宾王就曾两度从军塞上，一次在上元三年（676年），一次在调露元年（679年），两次都投在名帅裴行俭帐下做书记。他在调露元年所作《宿温城望军营》诗中写道："投笔怀班业，临戎想顾勋。还应雪汉耻，持此报明君。"他还在《从军行》里写道："平生一顾念，意气溢三军。野日分戈影，天星合剑文。弓弦抱双月，马足践胡尘。不求生入塞，惟当死报君。"

在唐代诗人，尤其是初唐、盛唐诗人眼里，国家利益，是高于一切的。相比而言，个人的荣辱功名实在是太渺小了。仕途不通，还可走从军之路。是热血男儿，即当到保卫祖国的战场上去博取功名。这就是李颀所说的"直爱出身早，边功沙漠垂"（《塞下曲》），也是祖咏所吟"少

文化与人生——扮靓人生的素养

小虽非投笔吏，论功还欲请长缨"（《望蓟门》），更是岑参所感的"功名祗向马上取，真是英雄一丈夫"（《送李副使赴碛西官军》）。

陈子昂也是两度从军：一次在垂拱二年（686年），一次在万岁通天元年（696年）。他第二次是抱病随建安王武攸宜出征东北边陲讨契丹，以右拾遗职在武帐下做参谋。在渔阳（今津蓟县）时，因武攸宜"轻易无将略"导致"前军败，举军震恐"。陈子昂挺身请缨，愿率"万人为前驱"出战契丹，却遭拒绝。几天后，他不忍亲眼看见唐军败势，再度求战，终于激怒了武攸宜，将他"徙署军曹"（《新唐书·陈子昂列传》）。与苏颋（许国公）并称为"燕许大手笔"的张说（燕国公）在开元八年（720年）秋率轻骑二十，持节入突厥诸部，平息了因朔方军大使王晙诛突厥降户阿布思而引发的九姓骚动；接着又亲领步骑万人在银城（在今陕西榆林东南）地方击溃党项羌。

开元九年（721年），张说因功拜兵部尚书，同中书门下三品。开元十年（722年），又"诏为朔方节度大使，亲行五城，督士马"（《新唐书·张说列传》）。他在这期间创作的一首有名的诗篇是《巡边在河北作》，抒发了他戎马倥偬、建功报国的胸襟："去年六月西河西，今年六月北河北。沙场碛路何为尔，重气轻生知许国。人生在世能几时？壮年征战发如丝。会待安边报明主，作颂封山也未迟。"

以"歌从军，吟出塞"名世的王之涣在新旧《唐书》里无传。据对近人李根源所藏《唐故文安郡文安县尉太原王府君墓志铭（并序）》及现存诗篇的研究，王之涣在"拂衣去官"后的十五年间（约在开元时期），曾沿黄河两岸漫游数千里，去过玉门关、蓟庭（蓟县地区，县治今北京城西南）等边地。他与王昌龄、高适最友好。薛用弱《集异记》卷二及《唐才子传》卷三记录了著名的"旗亭画壁"的故事。故事说他们三个一起到旗亭（酒楼）聚会，请歌伎唱诗以分高下，结果歌伎唱得最多的是王之涣的绝句。

其《凉州词》云："黄河远上白云间，一片孤城万仞山。羌笛何须怨杨柳，春风不度玉门关。"此诗要点在"何须怨"三字上，诗人代远征将士表明这样的立场：尽管远离故土，思念家人，但戍边卫国却是战士的责任；国家的安宁胜过儿女情长！

王昌龄大约在开元十五年（727年）进士及第后赴西北边塞从军，亲身经历过许多著名战役。他在《变行路难》里说："封侯取一战，岂复念闺阁"。传递出他书剑从军博取功名的志向。他的边塞诗系列，诸如"黄沙百战穿金甲，不破楼兰终不还"（《从军行七首》其四）、"但使龙城飞将在，不教胡马度阴山"（《出塞二首》其一），表达出这位军旅诗人及所代表的全体将士誓死捍卫祖国边疆的钢铁意志和必胜信念。

国家兴亡，匹夫有责

现在有很多人都在谈爱国，那首先应该明确什么是爱国？什么是爱国主义？爱国主义是人们忠诚、热爱、报效祖国的一种集思想、情感、意志和行为于一体的社会意识形态。它包括爱国的思想观念、爱国情感、行为等多层面的内涵。国家兴亡，匹夫有责。更何况对于我们这些国家的栋梁呢？国家的兴亡更像是一种责任。"青少年"是一个强大的社会团体，他们的影响力不容忽视。对于国家发生的大事，他们的反应，更代表了广大知识分子的态度。

当代青少年，怎样做才是爱国？应该做些什么？

首先，身为中国人，有义务了解祖国的革命史。知道它的成长过程，知道为了它的成立而光荣牺牲的革命先驱，清楚他们的英雄事迹。以他们为榜样，学习他们身上的优秀品质；学习他们吃苦耐劳、勤俭节约；学习他们英勇无畏、大公无私；学习他们强烈的民族荣誉感。有他们，才有我们今天的幸福生活，所以，爱国，首先要了解中国革命史，培养民族荣誉感，为自己能成为炎黄子孙而骄傲自豪！

其次，良好的健康状况、精神饱满和体力充沛是随时准备克服困难的重要条件。如果没有健康，智慧就不能表现出来，文化无从施展，力量不能战斗，财富变成废物，知识也无法利用。青少年应该关心自己的身体，了解健康方面的知识，并辅以科学的训练来锻炼身体、增强体质。

再次，爱国首先要求的是每一个人都能认真做好本职工作。身为学生，学习是第一要务，任何时候都不能"本末倒置"，刻苦学习才是最好的爱国方式。

踏入学校之门，才能有更好的机会学习更多更深奥的知识。在校园中，每个人都有机会去展示自己，每个人也都有选择自己生活方式的权利。当然，在全球化的今天，学习不仅局限于对书本知识的学习，更重要的是要以热爱祖国为学习的动力，从而激发学习的兴趣和热情，刻苦钻研专业知识，拼搏进取。只有这样，我们才能够静下心来搞学问，才能不断提高国家的科技水平。要敢于承认自身的不足，通过向他人学习、取长补短来到完善自我的目的。

在平时的学习生活中还要诚实劳动、团结同学，乐于助人，以集体的进步为荣，努力为班级、学院、学校做贡献。这当然也是保家卫国的一种实质性的表达方式。

最后，要有吃苦耐劳的精神。当代的青少年应该以脚踏实地、默默无闻、埋头苦干，以及积极乐观的人生态度去学习，把自己的知识无私地奉献出来，为社会的进步做出自己应有的贡献。切勿口惠而实不至，有些人经常把爱国挂在嘴边，可是真正到了让他们出钱出力时，他们就会退避三舍，悄悄地溜走，全然没有了往日的豪情。在这种情况下，爱国往往不能落在实处，这样的爱国实际上是没有多大意义的。

真正的爱国首先应该是行动。可以通过参加一些社会活动，比如做志愿者、无偿献血等方式来表达爱国之情。总之，要用有限的时间去做对祖国、对社会、对自己有意义的事，立足本职、尽己所能就可以了。

第二节　超越生死
——对酒当歌人生几何

人活一世，既然都以死亡为终点，这一辈子首先就不应该放弃对生命以及生活的种种美好的体验，不需要忙忙碌碌、身心两亏。

死亡只是人生的一个阶段

对死亡的看法，特别会影响到人们对于生的态度，思想家置身于死亡的阴影之下探寻生存之道，往往也才能有深刻的发现。思想也好，哲学也好，大多是为活人预备的，但思想家哲学家的灵感有时却来自死亡。西方的哲学家苏格拉底称哲学是"死亡的准备"，叔本华说"没有死亡的问题，恐怕哲学也就不成其为哲学"，加缪在《西西弗斯的神话》的一开头也郑重宣布："真正严肃的哲学问题只有一个：自杀。"

只有孔子是个例外，他有一句名言："不知生，焉知死？"孔子一生游说讲学，无所不谈，就是忌讳死亡这个题目。孔子可以束之高阁、坦然面对，多数人却未必能够像他那样沉得住气。

最明显的就是到了汉末，连向来理智的学士文人也都在死亡的重压之下变得忧心忡忡、长吁短叹、哀声连连。著名的《古诗十九首》就表现了这种烦闷不已、焦虑不堪的心理："人生天地间，忽如远行客""所遇无故物，焉得不速老"。韶光易逝，岁月难留，眼看着死亡这个恶魔一步步逼近，诗人的心里充满了忧伤和恐惧。死亡是那么强大、不可阻挡，它的越来越近的脚步声，伴随着活着的人度过每一天，就是曹操这样戎马半生、出生入死的大英雄也抵抗不了它的侵扰，一面求医问药，渴望得到长命百年，一面禁不住脆弱伤感地吟唱道："对酒当歌，人生几何？"所以晋人陆机说："夫死生是失得之大者，故乐莫甚焉，哀莫甚焉。"

把生死之事看作人的最大的得与失，人生一世，哀乐莫不系于此。这就是古人的生死观，它反映了古代人对于生死问题有着深切的关怀，对生和死都极其敏感。孔子语录有许多成为金科玉律，指导着后代人的生活，但他禁谈死亡的训诫，却终究因为人们强烈的求生欲望而被遗忘了，人们不仅闭口不谈死，还想方设法逃避一死，于是活着的日子，也演变成一场死亡追逐下的紧张逃生，恰是"不知死，焉知生"的局面。

由死亡引起的恐惧和哀伤，多半出自对于死亡的无知。《庄子·至乐》说庄子妻子去世的时候，庄子鼓盆而歌，把来吊唁的人都弄糊涂了。庄子告诉他们："我妻子去世，难道我会高兴？起初也是伤心难过的，但是静下心来想一想，她也不是从来就活在这个世界里的，不光不是一直活着的，本来连身体形状都没有，没有身体形状，是因为没有气、没有呼吸。杂乎芒芴之间，变而有气，气变而有形，形变而有生，今又变之而死，从受胎凝形而出生，到成长、衰老而死亡，这个过程不就像大自然春夏秋冬的时令转换吗？我的妻子走完了人生的这样一段道路，她现在平平安安地躺在那里，我却在这里号啕不已，不是太不明事理了吗？所以我不再哀伤。"

庄子丧妻，鼓盆而歌，在魏晋间最得人心。另外一个与之相类似的见于《战国策·秦策》的故事，那时候也很流行。

故事说的是某人丧子而无忧，其妻不解，问他："公之爱子，天下无有。今子死不忧，何也？"丈夫回答："吾尝无子，无子之时不忧。今子死，乃与向无子同，臣奚忧焉？"这个回答也像庄子一样，把活着看成是偶然的、阶段性的，把死亡看作必然和永恒，而意识到这一点，死亡也就无可畏惧、无所遗憾。丧妻的庄子和丧子的某某都是因此让自己悲伤痛苦的心情归于平静的。

个体的生命一旦投入到广大宇宙的运行当中，就如沧海中的一粟，变得十分渺小，而在广袤无涯、无始无终的空间时间里面，生和死的界限也会模糊得好像不存在一样。生生死死，有生必有死，有死必有生，两者并无差别，正是"生死齐一"。俗话有所谓"当死不惧，在穷不戚"，人生无非像一场旅行，出生之日便是登上征途之际，而死亡之时，便是奔波劳顿之后的歇息。死亡是人最后的归宿。所以古人有称"视死如归"的，把死人叫作"归人"，把活人叫作"行人"，把"行而不知归"的，当作失去家园的人。

据说嵇康临刑的时候，"神气不变，索琴弹之。奏《广陵散》，曲终曰：'袁孝尼尝请学此散，吾靳固不与，《广陵散》于今绝矣！'"嵇康是魏晋间的大名士，他之所以临死而毫无畏惧之情，胸怀坦荡，

文化与人生——扮靓人生的素养

就是因为早已将生死关隘参透，把死看成回家一般。

传闻魏时还有个名叫林类的人，死期将至，却是满心欢悦地对人说："死之与生，一往一返，故死于是者，安知不生于彼？故吾安知其不相若矣？吾又安知营营而求生，非惑乎？亦又安知吾今之死，不愈昔之生乎？"

这个说法，比起"生死齐一"即将生死大限看破的观念又进一步。它不但认为生死可以循环，此死彼生，还相信死后的世界有可能像天堂一样美妙，胜过人世间，因此死亡本来就是一件值得欢喜的事情，何必在那儿苦苦求生？

要活出人生的价值来

有一个"杞人忧天"的故事。

一个杞国人，整天愁眉不展、心神不宁，寝食俱废，他总在担心有一日老天崩塌大地陷裂，自己无处藏身。古人每每提及这个杞人，都要笑话一番："生不知死，死不知生，来不知去，去不知来。坏与不坏，吾何容心哉？"生既不知死，死也不通生，生死道断，生与死究竟孰优孰劣就无法判明，活着的人一味地贪生怕死，不就像杞人那样无知、狭隘和脆弱吗？大彻大悟的陆机于是感慨地说："使死而有知乎，安知其不如生？如遂无知耶，又何生之足恋？"

再往下说，死亡好像也并不可怕，反而活着倒不轻松。虽然一般人以为长寿即是福乐，活人强于死鬼，但是仔细计算一下，人这一生：孩抱以逮昏老，几居其半矣；夜眠之所弭、昼觉之所遗，又几居其半矣；痛疾哀苦、亡失忧惧，又几居其半矣。婴幼儿时期的幼稚无知与老来后的昏聩糊涂，几乎占去一半时间，夜晚睡眠占去一半时间，病痛折磨、精神萎靡还要耗费一半时间，所剩时间已然不多，就在这剩下不多的几时里，人还要遇到许许多多的忧愁苦恼，"迪然而自得，无介焉之虑者，亦亡一时之中尔"，那这样一个人生，活着究竟是为了什么？到底能获得什么样的快乐？

《列子·杨朱》里面问道："为美厚尔？为声色尔？而美厚不可常餍足，声色不可常玩闻。乃复为刑赏之所禁劝、名法之所进退？遑遑尔竞一时之虚誉、规死后之余荣，踽踽尔慎耳目之观听、惜身意之是非，徒失当年之至乐，不能自肆于一时，重囚累梏，何以异哉？"

既然不是为美厚声色所吸引，或只为了一时虚名和死后哀荣，就小心翼翼、战战兢兢，自缚手脚如同戴枷的囚徒一般，如果人就是为了这样一种生存状态而活着，苟延残喘，那又何乐之有？

这样的生，倒是不如死。从死亡出发，由对死的达观进而发展到对生的看法，于是便形成了一种新的生死观：既生，则废而任之，究其所欲，以俟于死。将死，则而任之，究其所之，以放于尽。无论对生还是对死，一概采取放任的态度。所谓"废而任之"，具体说来，就是要在活着的时候，"恣耳之所欲听，恣目之所欲视，恣鼻之所欲向，恣口之所欲言，恣体之所欲安，恣意之所欲行"，使人的本性可以自由自在地伸展发挥，人死之后，"焚之亦可，沉之亦可，瘗之亦可，露之亦可，衣薪而弃诸沟壑亦可，衮衣绣裳而纳诸石椁亦可"，也不强求如何如何。

晋人张翰纵情任性、不拘小节，当时人称"江东步兵"，有人问他："卿乃可纵适一时，独不为身后名耶？"他的回答是："使我有身后名，不如即时一杯酒。"死后浮名，何如及时行乐？有人总结说："丰屋、美服、厚味、姣色，有此四者，何求于外。"这话的意思，也就是要听任人的自然禀性，纵心而动，纵性而游，当身之娱不去，死后之名不取。看破生死、超越生死，古人在这一点上还是非常高明的。

　　既然如此，那人生的价值究竟是什么？这个问题一直困惑着人们。雷锋说："人生的价值在于奉献。"鲁迅说："人生的价值在于创作。"保尔说："人生的价值在于为革命奋斗。"其实，从他们对人生价值的观念来看，很容易发现，他们都认为人活着应该做点什么，也就是说，人要活得有价值。

　　人生说短不短，说长也不长，看似遥遥几十年，实则不过四万天，生命的长度不能延长，那就只好去拓展它的宽度。在有限的生命里多做一些事，认真度过每一天。把每一天都当作是生命的开始，就会充满活力；把每一个黄昏都当作是生命的结束，那就会努力地做好每一件事。时间是珍贵的，谁都不应浪费。文学巨匠鲁迅，一天只睡几个小时，别人问他为什么在同样多的时间里却做出了多他人很多的事。他回答说："我只不过把别人喝咖啡的时间都用在了工作上。"不难看出，鲁迅多么惜时。而他也终于实现了自己的价值，没有虚度人生。

第三节　清谈雅论
——不拘一格的清虚雅致

据说汉末大儒郑玄早年拜在马融门下，三年没见过老师一面。马融有弟子上千，大多数都得不到入室受学的机会，求学问道，要靠弟子们辗转授受、自力更生。老师的门槛不可谓不高，师生间的隔阂也不可谓不深。然而，魏晋文士治学较为自由，不太讲门户之见、师生之分，学习和交流的渠道都很宽泛，不需要道听途说、几经辗转地接受人家二手三手的传闻，大可以对面辩诤，联床夜语，围炉闲话，这便是所谓的"清谈"。

清谈类似于今日所说的座谈，有时也像现在的聊天，是一种比较轻松随意的谈话方式，没有什么形式上的要求和限制。

清谈是一种有效的交流

在西晋时有几次著名的"清谈"大会，气氛便要自由、宽松得多。

一次是在春天修禊的时候——这是一种禳灾避祸的仪式——首都洛阳的名士们借此机会齐聚洛河边上，有青山绿水相伴，心胸豁然开朗，裴顾谈名理，张华谈史书，王衍、王戎谈历史人物，一时间，个个畅所欲言、任意挥洒，谈得兴趣盎然。还有一次是在王衍嫁女儿给裴遐的时候，婚后三日，王、裴子弟大会，当时有"如悬河泻水，注而不竭"之名的清谈家郭象也来助兴。郭象一来，就故意挑起和新郎裴遐的论战，不想裴遐表现非常出色，令老丈人王衍十分快意，直嚷嚷着叫人不要再来挑战，"将受困寡人女婿"！这两次清谈，一次是在春游时的公众场合，一次是在婚礼后的家庭聚会，都有许多重量级的名士到场，也可以说盛极一时。

清谈在形式上完全可以不拘一格，但是，清谈的内容却绝对要有所讲究，要清虚，要雅致。

怎样叫作清虚？首先是话题不能够太实际，不能媚俗，也不能有烟火气，否则就会沦为"俗谈"。

有一个故事，说的是桓温打仗归来，刘恢急急忙忙赶了数十里路去迎接。桓温见到他气不打一处来，劈头问道："垂长衣，谈清言，竟是谁功？"这个故事还有另外一个版本，说是大冬天的桓温正准备打猎，刘恢见他穿得单薄，就问他要去干啥，桓温也是没好气地呛了他一句："我若不为此，卿辈亦那得坐谈？"刘恢是东晋的清谈名士，最擅长谈论《易经》和老庄，工作却是一点儿都不放在心上，还到处宣扬什么任其自然。有人总结他的一生，说是"居官无官官之事，处事无事事之心"，可他毕竟得了一个"清蔚简令"的美名。桓温刚好与刘恢相反，他不怕顶风冒雪、浴血奋斗，是个为晋朝屡建奇功的战将，但是像他这样的实干家，却被人看作有政治上的野心，是个很功利的家伙。所以在上述两个版本的故事里，一心保家卫国、建功立业的桓温对刘惔都有一点儿抱怨，他见到刘惔那种不知今夕何夕、世事与我何干的悠闲劲儿，内心就不免有一股无名火起。

然而，刘惔的"垂长衣，谈清言"，在魏晋时代却是被文人士大夫视为理想的人格，代表了主流的生活方式。

"清"在这里，是与"浊""俗"相对立的，"浊"与"俗"代表的是过分现实、过分功利的发言行事，而"清"则是要超现实，要非功利，就像干宝批评这批清谈家时形容的，"谈者以虚薄为辩而贱名俭"，"当官者以望空为高而笑勤恪"。总之，清谈之士是从来不把话题落到具体实际的事务上面，也从不为开门七件事之类的生计担忧的，这便是清谈的第一层意思。

不涉及日常事务、具体工作，谈话的内容朝着形而上的方向，用现在的话说，就是有较强的理论色彩，这是清虚的第二层意思。

清谈的风气，是从汉代的人物批评开始的，由于汉代选官靠的主要是乡里乡亲之间的舆论褒贬，有些地方的大名士定期评议本地区的人物，举行"月旦评"，于是形成"清议"或者叫"清谈"，像曹操就曾经得到过著名的人物批评家许劭的一句评语"治世之能臣，乱世之英雄"。魏晋以后，这种从具体人物的品鉴发展出来的清谈，变得越来越抽象越来越概括，逐渐演化成一系列纯粹的理论性的话题。比如当时人讨论的"才性论"，原来是从如何铨定一个人的才能与品行的问题中引申出来的；又比如"有无之辩"，原来也是从与士大夫实际的进退出处有关的名教问题上引申出来的，可是后来到了清谈家的嘴里，它们就都变成了脱离个人才能与品行、脱离士大夫进退出处等实际问题的纸上谈兵，它们的理论价值，远远大过了它们在实际生活中的意义。所以这时候的清谈，又叫作"玄谈"或是"谈玄"。

魏晋时代的清谈名家不是"善言虚胜"，就是"谈尚玄远"。他们中的有些人，清谈成癖，清谈上瘾，好像桓玄和殷浩在一起就"终日谈论不辍"，裴顾一旦遇上裴邈，也会谈论"终日达曙"。而就在这种兴高采烈、热情洋溢的对话沟通或是攻难较量中，玄学之风愈刮愈猛，玄学的理论也愈经磨炼愈加细密，因此有人也将这两者联系到一起，并称作"清谈玄风"。

清谈主要靠"谈"，谈话要有谈话的功夫，也就是平常所说的口才要好、能言善辩，这是清谈的第三层意思。

诸葛玄少年时并没有读过什么书，但是王衍和他略略一谈，便认定他智慧不凡、"天才卓出"，就是因为他天生有几分善谈。"竹林七贤"之一的王戎坚持说他的族中长辈王祥"居在正始中，不在能言之流。及与之言，理中清远，将无以德掩其言"，王祥因笃孝纯至得名，王戎之所以要为他的这位族祖辩护，也是因为在他的心里，能言比有德要光彩得多。

在希腊的著名演说家中有一位狄摩西尼，传说他本来是口齿不清的，为了矫正发音，他就把小石子含在嘴里练习。魏晋时代是否也有人曾经这样刻苦地练习讲演，文献上没有记载，但可以肯定的是，与书斋著述、课堂讲学不同，清谈是一种"对谈"，要在面对面的谈话中进行，这样一来，就出现了会写作的人未见得能谈话的现象，就像擅于谈话的人不一定都能写得好一样。比如何晏著书比不上王弼，可他在清谈大会上发言的效果，就比王弼要好很多。又比如殷浩的叔叔殷融著书很有名，他的《象不尽意》、《大贤须易论》等都很为人称道，可是他与殷浩谈话，却往往要输掉，因为殷浩的谈功实在了得，据说王蒙、刘恢有一次去看他，回来后两人都感慨叹服，刘恢说："渊源（殷浩字渊源）真可！"王蒙也点头称是："卿故坠其云雾中。"（《世说新语·赏誉》）所以殷融和殷浩辩论，只会是胜少败多，而每次谈话以后，他都只好躲到家里面奋笔疾书。

北齐的颜之推在《颜氏家训》里对清谈有过严厉的批评，他说：魏晋人"直取其清谈雅论，剖玄析微，宾主往复，娱心悦耳，非济世成俗之要也"。要求言论"济世成俗"，对社会的道德伦理风尚负一定的责任，当然是相对务实的传统儒家的考虑，但是，这个要求忽略了思想本身的发展需要一个自由宽松的环境，"娱心悦耳"，也可以说是心智上的一种自由快乐的享受。何况事实上，清谈也不是只停留在取得"娱心悦耳"的效果上的，不是简单的娱乐，它虽然承担不了"成世济俗"这么大的责任，无法成为政治家的计谋、军事家的韬略和经济学家的政策，但是，它对文人学士思辨能力的锻炼还是有益的，对中国古代思想的发展有着相当重要的促进作用。这一点，与古代希腊特别重视"雄辩术"颇为相似，在今天这样发达的报纸、网络等传播媒体出现以前，演讲和辩论是思想交锋、信息交流的一个重要途径，通过演讲论辩，文士们的思想更加复杂深邃，语言也更加犀利简明。

汲取清谈中的营养

清谈对于谈话人的要求，首先就要思维敏捷、口齿伶俐，要能够迅速抓住问题的关键，针锋相对，一语中的。《世说新语》的"言语""文学"篇里，就有非常多这样的故事和案例。比如谢朗听说有人想要挑战庾龢，就去向庾龢打招呼，请他早做准备："诸人莫当就卿谈，可坚城垒。"而庾龢善谈，在当时是小有名气的，他当然不怕那些慕名前来找他比试的人。他对谢朗说：对付实力不同的人，自有不同的策略，"若文度（王坦之字文度）来，我以偏师待之，康伯（韩伯字康伯，殷浩外甥）来，济河焚舟"。意思是，同王坦之谈话，只需要拿出一小点儿看家本领就足以战而胜之，可是同韩伯谈话，却不得不拼尽全力，拿出不给自己留后路的勇气和决断来。

魏晋时代重视谈话的人，不仅讲究人在谈话时的反应是否迅捷、是否准确，还讲究措辞的巧妙和文雅。

　　魏文帝曹丕听说钟会、钟毓年轻有为，于是召见这两兄弟，他见钟毓脸上冒着冷汗，便问"卿面何以汗"，钟毓回答："战战惶惶，汗出如浆。"他又问钟会"卿何以不汗"，钟会回答："战战栗栗，汗不敢出。"这两种回答，既交代了实情，又显得恭敬有礼，相当得体。还有一个故事，说的是某人为他患了疟疾的父亲外出乞药，药房主人半开玩笑地问他："尊侯明德君子，何以病疟？"他马上回应说："来病君子，所以为疟耳。"以同样玩笑的口吻轻松化解人家的调侃，不卑不亢，显得特别沉着，有智慧。庾亮和周颛都是东晋时的名士兼官员，庾亮去看周颛，周颛问他："君子何欣说而忽肥？"庾亮反问："君复何所忧惨而忽瘦？"周颛回答："吾无所忧，直是清虚日来、滓秽日去耳。"这一来一去的精彩问答，既有寒暄的意思，隐隐地也藏了些机锋在里边。

　　那么，怎样才能有巧妙、文雅的谈吐呢？这就牵涉到清谈的另外一个要求，就是谈话者要有一定的知识涵养。

诸葛宏天资固然好，口才也出众，但王衍还是劝他先回家认真读读《老子》《庄子》，积累一些学问，然后再出来与人清谈："卿天才卓出，若复小加研寻，一无所愧。"而前面提到的善于清谈的殷浩，学《老子》《易经》学力甚深，谈吐也很有激情，出口成章，因此"为风流谈论者所宗"。据说谢尚有一次去他那儿听讲，殷浩"为谢标榜诸义，作数百语，既有佳致，兼辞条丰蔚，甚足动心骇听。谢注神倾意，不觉流汗交面，殷徐语左右：'取手巾与谢郎拭面。'"谢尚年幼时聪明外露，即被人看成神童，像他这样的人，还会被殷浩感动得热血沸腾、心潮澎湃，大概主要就是因为殷浩知识渊博，所讲道理也异常深刻。可是，这样一个感动过谢尚的殷浩，与刘惔谈话，却是一点儿胜算也没有，他讲到理屈的时候，居然"游辞不已"，想要靠不知所云的一堆废话来负隅顽抗，最后被刘陵骂成"田舍儿强学人作尔馨语"，意思是这个乡巴佬，还要不自量力地去模仿人家高雅的谈吐。

最后，清谈还要求有一个平等自由、坦率诚恳的氛围。汉代讲学门户很严，老师讲训、学生听训，并不平等。但是魏晋时的清谈不一样，问答难驳，往来反复，虽然气氛紧张严肃，可是并不压抑，获胜的一方和战败的一方都不会趾高气扬或垂头丧气，像刘惔与王长史谈毕，荀子问父亲刘尹如何，长史答"韶音令辞不如我，往辄破的胜我"（《品藻》），意思是我和刘惔各有所长，他的逻辑简明，而我修辞华茂。还有荀粲与傅嘏，一个崇尚玄远，一个善讲名理，时常格格不入，但经过裴徽的调和，两人也变成了互相理解的好朋友。

比如在曹魏正始年间，由吏部尚书何晏主持的清谈大会就相对正式一点，还有主持人、主讲人等等的安排，有时是何晏自己开列议题并做总结性的报告，有时是王弼或其他什么人来做主题式的发言，这种座谈

文化与人生——扮靓人生的素养

会式的清谈，在当时影响很大。

第四节　读书为业
——男儿须读五车书

我国诗坛"会当凌绝顶，一览众山小"的诗圣杜甫"语不惊人死不休"，他锵锵言道："富贵必从勤苦得，男儿须读五车书。"原来如此，生为七尺男儿，须读五车书！"时代不同了，男女都一样。"又一历史伟人如是说。看来，如今的男男女女，都须读五车书。"读书破万卷，下笔如有神"。读书能著书，何乐而不为呢。书者，文明科学进步的载体。书，使今日的庸者超过 19 世纪的天才！书，使后来者站在前辈的肩上继续攀登、继往开来。英国思想家培根说："读史使人明智，读诗使人聪慧，数学使人周密，自然哲学使人深邃，伦理学使人庄重，逻辑修辞学使人善辩……"苏轼说："吾薄富贵，而厚于书。"

汉代学者刘向说："书犹药也，善读之可以医愚。"是呀，有田不耕仓廪虚，有书不读子孙愚。仓廪虚兮岁月乏，子孙愚兮礼义疏。东方是古老的文明之邦，宁可食无肉、居无竹，不可读无书！韩愈说："看书到晓那能眠。"看书到了废寝忘食、如痴如狂的程度，因而有了头悬梁、锥刺股、囊烛映雪、破壁偷光的古代苦读的动人故事。

"好男儿当读书、修身、齐家、治国、平天下"，古人把读书放在好男儿一辈子要干的五件大事的首位，可见读书之重要。

有人说，我也知道读书好，可到底读什么书、怎么读呢？大致说来，无非就是这么几条：读书要勤、读书要博、读书要精。

勤读，博读，精读

读书要勤。晋代的陶渊明在《五柳先生传》中说："好读书，不求甚解，每有会意，便欣然忘食。"读到精彩华章，竟然忘记了吃饭，不可谓不勤奋刻苦！北宋的大文学家欧阳修在《杂诗三首》中说："君子之学也，其可一日而息乎？"君子读书一天都不能停止！他还说："乃知学在少，老大不可强。"意思是学习当趁年少，岁数大了就不可勉强了。宋代大理学家朱熹是这样说的："少年易学老难成，一寸光阴不可轻。"由此可见，读书要趁年轻，要勤奋，要刻苦。知识不比别的，你不学习，它绝对不会自动飞到你脑子里来。

读书要博。即要博闻强记。英国的培根在《论人生》中说："读史使人明智，读诗使人灵秀，数学使人周密，自然哲学使人深邃，伦理学使人庄重，逻辑修辞学使人善辩。"培根在这里把文史哲等他那个时代的主要学科的好处几乎都说了一遍，无非是告诫人们要博览群书，广种薄收，但问耕耘，少问收获。苏轼在《杂说·送张琥》中说："博观而约取，厚积而薄发。"要争分夺秒，孜孜以求，不断吸取知识。试想，如果学文学的不读历史、哲学、经济、地理，而学经济的不读文学、历史、哲学，那这人的知识面肯定很狭窄，对他以后的工作肯定有大碍，而且也很难适应日益变化的社会发展。

读书要精。苏轼告诫人们读书不仅要博学，还要精读。他在《又答王痒书》中说："书富如入海，百货皆有。人之精力，不能兼收尽取，但得其所欲求者乐。故愿学者每次作一意求之。"苏轼的意思是再明白不过了，就是要专心细致地精读。朱熹说："循序而渐进，熟读而精思。"他还说："读书有三到，谓心到、眼到、口到，心、眼、口并用之中，以用心最为紧要。心思专一了，眼、嘴哪有不用的呢？三到之中，心到最急。心既到矣，眼、口岂不到乎？"

苏轼也好，朱熹也罢，说的都是真知灼见，切身体会。博和专并不是对立的、矛盾的，相反，博中有专，专中有博，相得益彰，方成大家。

人类的知识浩如烟海，如何在有限的生命中抓紧时间去读书，学到更多的科学文化知识，为实现中华民族的伟大复兴做贡献呢？

读书学习需要顽强的毅力，顽强的毅力可以征服世界上任何一个高峰。想要学到一点儿东西，必须下苦功夫不可，要学习古人那种坚忍不拔的读书精神。在我国历史上，曾经传颂着许多动人的刻苦读书的故事。据说唐代大诗人白居易幼年好学，读书读得"口舌成疮"，写字写得"手肘成胝"，因而十六岁就写出了"离离原上草，一岁一枯荣。野火烧不尽，春风吹又生……"这样千古传诵的诗句。宋代著名文学家欧阳修，从小因家庭贫穷买不起书，往往靠借书诵读。有一天他借到一本书后，就如饥似渴地捧着书读了起来。日当午了，他在读；太阳落山了，他在读；点灯了，他还在读。这一天啊，家里从早到晚都响着他琅琅的读书声。这类勤学的故事，反映了古人刻苦读书的优良品质。

当然，古人读书的目的和动力，与现代人是截然不同的。但是他们那种刻苦的精神却是值得华夏子孙继承和发扬的。

有些人，在学习上总借口没有读书的环境，没有良好的条件，没有充裕的时间等等。可是，比起历史上那些勤学的人来，这些所谓的"困难"能算得上是什么困难呢？国家为我们安排了求知的广阔道路，社会为每个人提供了良好的学习条件，只要发奋读书，知识的大门永远是敞开着的。关键的问题在于我们有没有宏伟的志愿，有没有刻苦的精神。

可以说，只要能确立好目标，心里就充满力量，就有一往无前的精神，就有一股顽强的毅力，去克服任何困难。

要多读书，就要珍惜时间。时间奔流不息，稍纵即逝。人们常常喜欢用"一寸光阴一寸金，寸金难买寸光阴"来形容时间的宝贵。世界上的一切财富都可以用劳动去创造，唯独时间是一分一秒也创造不出来的。所以古今中外不知有多少人都把时间视为无价之宝。因此，必须抓紧时间读书，切不可放弃今天的读书时间去等待明天，这样一拖再拖，一误再误，不知多少明天就会被葬送了，多可惜呀！怎样看待"明天"呢？清朝钱泳在《履园偷话》中附记的钱鹤滩的《明日歌》很发人深思。

明日复明日，明日何其多！

我生待明日，万事成蹉跎。

世人苦被明日累，春去秋来老将至。

朝看东流水，暮看日西坠。

百年明日能几何？请君听我明日歌。

第五节　追求自由
——醉袍袖舞天地窄

"逍遥"可以看作是古人追求生活与精神的漫游，是对人生自由境界的向往与追求。逍遥论倡导人生应逍遥解脱，不理世事。

先秦时代，庄子以其《逍遥游》展现了追求自由境界与精神超越的人生目标，以飘然出世的人格与浪漫绚丽的笔触呈现出美丽的光彩。他所追求的理想人格具有超凡入圣的功能，体现出没有尘世之累的高尚精神。"游于四海，圣物而不伤"，将自己的思想以若虚若幻的形象表达出来，体现出"神思"的精妙。

两汉时期，逍遥更多地体现出方士色彩，对长生不老的追求，求仙出世的思想往往假托游仙抒发苦闷。魏晋时代的曹植大约是将追求逍遥游仙与解脱人生郁闷贯通起来的重要文人。

在一系列的政治斗争中，不同的历史人物体现出对人生逍遥的不同追求。

在文人阮籍看来，现实世界是污秽的，因此要通过逍遥以求得人生的新境界。他发挥庄子的思想，追求齐物我、一是非的精神超脱。

同为"竹林七贤"的向秀认为人生是短暂的，人的生命意志、七情六欲是最高的实在和意义，不能抛弃而去寻找虚无缥缈的精神本体。郭象强调逍遥并不难求，在每个人的性情之中。向秀、郭象认为：圣人虽在庙堂之上，心却可以在江湖之外。逍遥游用不着隐栖山林，只要在精神上高尚其志就可以了。人生不过是自我平衡。

陶渊明善于从艰苦、平凡的农居生活中寻求人伦的快乐，捕捉常人不易察觉的真趣，在一觞一饮、一言一笑中品味人生。处事的逍遥中也有不少的孤独和寂寞，但毕竟以其出水芙蓉的审美观表达出精神境界与世俗关怀的融合。

自由，自古至今都是一种精神的追寻。在纷乱的现实中有人归隐，有人隐忍，更多的人不得不在喧嚣中度过世俗的岁月。不在乎精神的需要也便罢了，但当我们不断奢求一种内心的宁静和人生的超然时，在我们不断盘诘生命价值的过程时，不得不问：当下的逍遥又应该是怎样的一种境界呢？

获得自由人性是生命的最高形式，是生命的本质意义，是人类社会最美好的境界。但是，历代封建统治者多是不愿意看见"生人"的人性得到自由的发展，因为，自由的人性会让统治者无法随心所欲，肆意妄为。从这个意义上说，柳宗元对自由人性的倡导和构建，是他备受后人崇敬的根本原因所在。

　　追求自由生命是人的天性与本能，因而，对自由的追求与讴歌是历代文人的共同主题。但是，绝大多数文人追求的仅仅只是个性的解放，自我的自由，他们所描绘的自由生活只是一座空中楼阁，可望而不可即。而柳宗元则是站在"人生"的立场思考自由的生命与生活，这是一个封建社会知识分子的睿智思考与美好理想。当然，柳宗元的愿望在唐朝是不可能实现的，但它超越了时空给后人以永恒的启示。

第 5 章

打破传统，推陈出新：先进文化与人生

　　文化环境和文化活动对人们的交往方式、交往行为、思维方式和生活方式等各个方面的影响具有潜移默化和深远持久的特点。尤其是世界观、人生观、价值观是人们文化素养的核心和标志，是各种文化因素交互影响的结果，一经形成就具有确定的方向性，对人的综合素质和终身发展产生深远持久的影响。

第一节　物质决定意识
——马列辩证唯物主义

马克思主义辩证唯物主义告诉人们：物质决定意识，经济基础决定上层建筑。归根结底，经济是基础，决定了文化的繁荣程度；文化是上层建筑，它反映一定经济时期人们的思想、行为和制度，又反过来推动经济的发展。经济是基础，是支撑一个社会发展的前提；文化是灵魂，是一个社会内涵的积淀，让这个社会充满生机和力量。

历史充分证明上述这一观点：只有经济强大了，文化才能繁荣；经济如果得不到发展，也就谈不上文化的发展。在经济发展的前提下，文化才能更好地显示其灵魂的作用，展示当时社会环境中人们的美好生活。

经济是基础，政治是保障，文化是灵魂

汉唐时代，国之强盛，威名远播，国家的影响力扩展至日本、朝鲜进而影响整个东南亚，甚至远至西亚等地区。有的国家和地区直到现今，在生活、制度等方面还展示着当时的中国文化。今天，强大的美国、西欧等一些国家，还有"唐人街""汉人街"等名称，日本还在使用着唐朝传播过去的文字、习俗，延续着中国的文化。

众所周知，汉唐盛世的中国，人民生活安定，经济繁荣，文化和技术各方面都有很大成就。强大的经济为其他方面提供了基础，在输出经济的同时不断地向外国输出文化，其他国家也不断派遣遣唐使和留学生，学习中国的经验。

对比而言，新中国建立以前的清王朝时期，经济落后，政治腐败，战争不断，签订了一系列的不平等条约。在这种形势下，文化也难以繁荣发展，学界人士只得蜷缩于旧纸堆中去研究那些文字校雠之学。疯狂的文字狱，断送了许多学者的性命，使他们的研究兴趣消磨殆尽，更何谈文化发展。尽管当时也产生了新的文学范式，但影响不大。与此同时，外国人凭借着他们的坚船利炮，伴随着传教士的传教布道，向中国传播他们的文化，企图用国外的文化影响中国文化。随着改革开放号角的吹响，我国的经济蒸蒸日上，文化生活才渐渐重新有了起色，以至有了现在这样百花齐放、推陈出新的局面。因此，要想保持和发扬国家的优秀文化，发展经济是根本，是基础。离开了经济的发展，文化的发展也是不可能的。文化发展了，才能促进经济的进一步发展。要繁荣文化，首先必须发展经济，这是一个重要的经验，颠扑不破的真理。

从根本上说，文化是由经济决定的，经济力量为文化力量提供发挥效能的物质平台。然而，经济又离不开文化的支撑；文化赋予经济以深厚的人文价值以及极高的组织效能，赋予经济发展以更强的竞争力。文化是民族的灵魂，一个民族要想能自立于世界民族文化之林，长期生存下去，就必须坚持自己独立的民族文化精神，并使之发扬光大。中华民族五千年的文明正是因为有文化作为其灵魂而存在。中华民族历史悠久、饱经沧桑，几分几合，几遭侵略，都不能被分裂和消亡，始终保持着强大的生命力，根本的原因就在于我们具有源远流长、博大精深的文化内涵。没有文化上的独立与繁荣，就没有国家、民族的发达与兴盛，没有文化的继承，也就没有经济的发展与创新。百万年来，从猿人时代开始，世界上一些国家或民族消失了，一些民族正濒临绝境，而另外一些民族却仍然光芒四射、蒸蒸日上，凭借的就是文化的兴盛与发展。也正是文化的繁荣发展，更好地推动了经济的进一步发展。中国上下五千年的灿烂文化，一直被当作优秀的传统来继承，更好地实现了各个方面的进步。

文化是综合实力和国际竞争力的重要组成部分，文化生产力是社会生产力的重要组成部分。当今世界激烈的综合实力竞争，不仅指经济实力、科技实力、国防实力等方面的竞争，也包括文化实力和民族精神的竞争。经济全球化的迅速发展，不仅带来货物、服务、资本、人员等在各国之间的频繁流动，而且带来思想意识、价值观念、行为方式在世界范围的激烈碰撞。

一位著名的领导人曾说过："文化是一个民族的精神和灵魂，是国家发展和民族振兴的强大力量，必须坚持社会主义先进文化的前进方向，弘扬中华文化，建设和谐文化，发展文化事业和文化产业，满足人民群众不断增长的精神文化需求，充分发挥文化引导社会、教育人民、推动发展的功能，建设中华民族共有的精神家园，增强民族凝聚力和创造力。"

孙家正说："构建和谐社会，经济是基础，政治是保障，文化是灵魂。"文化关系着一个民族的素质，渗透在社会生活的各个方面，它的教育、审美、启迪等功能，更多的是发生在潜移默化中。文化如水，滋润万物，悄然无声。改革开放 20 多年来，中国发生的变化是巨大的。这种变化决不仅是人们看到的如雨后春笋般出现的高楼大厦，也不是简单的数字统计。变化最大的是中国人民对自身、对世界的看法。中国人的眼光更开阔了，胸怀更博大了，中国人民把自己的安宁和幸福与世界的和平、发展紧密相连。关于文化的发展，中国对内实行百花齐放、百家争鸣的方针，对外主张维护世界文化多样性。每个国家都有选择自己文化的权利，某种文化是否适合自己，只有他们自己才有发言权，如鱼得水，如鸟投林，归依自明。不论别人如何评价我们的思想文化和制度，鞋子是否合脚，只有自己最清楚。不同民族文化的差异是与史俱来的客观存在，也是世界保持其丰富多彩的前提条件。以什么样的思想和态度来看待和处理，将会导致两种不同的后果。是倡导"和而不同"，通过增进理解和宽容从而实现互利，实现双赢，走向共处，走向和平，还是因袭陈腐的冷战思维，散布猜忌和隔阂，引发摩擦和对抗，甚至战争，人类应把握自己的命运。

人们要正确发挥主观能动作用，应当注意以下几点：首先，从实际出发，努力认识和把握事物的发展规律。只有从客观实际出发，如实反映客观规律（以及思维所固有的规律）的认识，才是正确的认识；只有在正确认识的指导下，符合客观规律的行动，才是正确的行动，才能实现人们设想的目的。其次，实践是发挥人的主观能动作用的基本途径。人的意识是一种精神的力量，要使它得到实现，变为现实的物质力量，必须通过物质的活动——实践才能达到。意识通过实践反作用于物质的过程，也就是意识自身的"物化"过程。人的意识正是通过实践认识世界，又通过实践来改造世界。最后，主观能动作用的发挥，还依赖于一定的物质条件和物质手段。

第二节　廉洁奉公，以正治国
——周恩来的奉献精神

　　周恩来不仅是我国伟大的无产阶级革命家，同时也是世界所罕至的伟人，不管世人对中国共产党和中华人民共和国的态度如何，任谁也无法否认他是伟人的事实。原因自然多种多样，但是毫无疑问，这与他的精神品格有着密不可分的内在联系。周恩来伟大而又高尚的精神品质是在长期的革命斗争和社会主义的实践中形成的，是在以周恩来为代表的中国共产党人长期执政的历史条件下形成的。伟大的时代风云造就了周恩来的精神品格。周恩来伟大的精神品格又影响了一个时代的前进方向。因此，这种精神品格既是时代特征，又是人类精神文明的一个组成部分。周恩来精神完美地实现了共产主义远大理想同脚踏实地的工作作风，对上负责同对下负责的结合，高度原则性同高度灵活性的结合。

　　一方面，它是马克思列宁主义、毛泽东思想、人生观、价值观与中国共产党革命实践相结合的产物，是无数共产党人高尚精神品格的集中体现；另一方面，它是对中华民族和世界优秀文化传统的继承和发展，是阶段性与民族品德精华的高度统一。

　　周恩来精神具体体现在如下几点：

　　一、严于律己，廉洁奉公，无私奉献的精神；

　　二、求真务实，脚踏实地，一切从实际出发的精神；

三、酷爱学习，善于学习，学以致用，刻苦好学的精神；

四、团结同志，广交朋友，调动各种积极因素一起做好工作的精神；

五、慎思明辨，反对迷信盲从，崇尚科学，勇于创新的精神；

六、勤勤恳恳，任劳任怨，"鞠躬尽瘁，死而后已"的全心全意为人民服务的精神；

七、一心为公，淡泊名利的精神；

八、追求真理，奋斗不止，积极进取的精神。

这些精神是我们当代青少年学习的榜样，在周恩来1914年春所作《一生之计在于勤论》中写道："欲筹一生之计划，舍求学其无从，然学而不勤，则又何贯乎？是故求学贵勤，勤则一生之计足矣；从能勤则一国之事定矣。夫人之一生求学，为青年最大之时期。"青少年时期求学一定要勤，这是非常关键的，所以当代青少年一定要向周总理一样有种刻苦好学的精神，同时不能死学，要热爱学习，学以致用，活学活用。

无私奉献、生活俭朴

周恩来总理作为政府首脑，工作繁忙，日理万机。他每天都是长时间工作，几十年如一日。周总理忘我工作的精神，实事求是的科学态度，深入实际调查研究的工作方法，密切联系群众的优良作风，艰苦朴素和平易近人的高尚品质，是人们学习的榜样。

全心全意为人民服务是周恩来精神的核心。他认为，人民是至高无上的，是永生的，他心中时刻装着人民，一事当前先考虑人民的利益，因而全心全意地为人民服务，把自己的一切无私奉献给人民，这是周恩来精神品格的核心和真谛。在当代，这种精神成为我们党的宗旨，秉承着这一精神，作为当代青少年，我们需要更加懂得这一精神的内涵，要有个人利益是小、国家利益为大，国家利益高于个人利益的思想，把对人民的奉献作为人生的最高价值。

　　有一次，福州军区副司令员龙飞虎托人给总理送来一筐桔子，很新鲜，说请老首长尝个鲜。总理见到桔子，说："我不需要。"大家劝："已经送来了，还能再送回去呀？"总理说："你们问问这一筐多少钱？"赵秘书打电话问过之后，报告总理："一筐25元。"总理吩咐："你给他寄50元去。"赵秘书说："是25元。你多寄他会退回来的。"总理说："就寄50元，多余的钱叫他处理，不这样做就制止不了他。我多付钱，他以后就不再送来了。"果然，龙飞虎以高出一倍的价钱"卖"给总理一筐桔子，以后就再也不敢给老首长送东西了。他说："送东西就等于敲总理竹杠，谁还敢送啊？"

　　周总理吃饭自己付钱，这大家都耳熟能详了。这是因为周总理随时记着公私两本账。公就是公，私就是私，公私要分明。所以每次付钱，又会有不同的小故事。有一次，总理在北京饭店接见外宾。接见结束后，总理感到有些饿，就跟值班卫士张永池说："有点饿了，咱们吃点便饭吧。"

　　那是一般客饭，很快就吃完了。张永池一算账，吃了两元八角。不要以为这是优待价，总理从来不允许优惠，严格要求按市价收款。可是，张永池这次糊涂了。心里算了账，愣是忘了给钱，追在总理屁股后边上了车。还没坐稳，总理就问："给了钱没有？""哎呀，"张永池叫一声，"糟糕，忘给了！""快给我把钱送去！"总理生气了，大声训道："要会算经济账，公私算分明，不然怎么行？"

公私分明，清清白白，堂堂正正，这就是周总理。所以曾经在周总理身边工作过的人说起时，都说敢向全国人民保证：总理一生奉献，即便日常生活也从没占过公家一分便宜！

周总理身边的护士说："总理平时生活节俭，用膳普通，爱惜粮食"。总理吃饭坚持两菜一汤（一荤、一素、一汤），荤菜主要是鱼、肉，高档的海鲜、珍品不准做，不论在家还是离家去外地，都是这样吃。吃剩的菜，倒上开水做汤喝，连一片菜叶也不浪费。后来还听说，他在日常穿着上也很节约，衬衫烂了，补好再穿，一双皮鞋穿了十多年，行李箱使用了二十多年，一块上海牌手表戴了十五年，使用的口盅底部和耳都脱了漆，毛巾破了仍继续用，他那几双穿了多年的袜子，没有一双是完整的。

一心为公，淡泊名利

在淡泊名利这一方面，周总理从少年和青年时代起，就十分看不起那些虽不乏才干和作为，却内怀功利之心的人。他认为："立志者，当计其大舍其调，则所成之事业，当不至限于一隅，私于个人矣。"他心中的"名"是清正，神圣的名誉，在他看来，若汲汲于名，犹孜孜牟利，依靠虚张声势来获取名位即使有了某种功业，也实在是道德的罪人。

总理外出，无论招待所还是宾馆，都要求工作人员不许在小卖部买东西，他自己当然更不会去买。因为那是清廉的时代，也是物质匮乏的时代。新中国成立后，我们开始模仿苏联的经济模式，搞苏联式的社会主义，后来又摸索自己的路子，却始终不能摆脱物质匮乏的阴影笼罩。直到改革开放，才终于摆脱这一阴影，走上具有中国特色的社会主义繁荣之路。

物资匮乏的年代，商品分配是个大难题，配发几十种票证也解决不完这个难题。于是，各省、市、自治区的交际处都设立了小卖部，卖紧俏商品，将质高价廉的商品供应首长和外宾。总理对这种小卖部是很有看法的。有一次去昆明，总理自己掏钱请随行人员吃了顿炒鳝鱼丝，饭后大家说说笑笑在院子里散步。"小卖部开了。"有人说，"进去看看吧？""你们不要去那里买东西，那里面有名堂！"总理皱起眉头说："什么内部价格呀，你们不要占这个便宜，要买什么到街上去买。""街上没有。"不知谁小声嘀咕一声。"有就买，没有就不买，干吗非买不可？"总理指指小卖部，"搞了这种特殊，再讲清廉也是虚假的。人家5元钱买不到的东西，你1元就买走了，你的100元工资就变成500元了么。你再跟群众说你只有100元工资，那算清廉还是算骗人？"

实干不用到实处，用各种手段去追逐，这就是因为缺乏淡泊名利之心，把金钱地位看得太重。古往今来，大凡有大作为的人，最难协调的事情之一，恐怕就是伟大的事业与个人功名的关系，很多人在这个问题上失了足。这种现象会严重影响社会的发展，作为当代青少年，我们需要学习周总理淡泊名利的精神。

在实事求是开拓创新这一精神领域，周总理一生都注重实践，倡导开拓创新的精神，在旅日期间的日记中他写道："我生平最烦急的是平常人立了志向不去实行。"接着就写了他在新的一年的奋斗目标和行事准则："第一，想要比现在还新的思想；第二，要做现在最新的事情；

第三，要学离现在最新的学问，思想要自由，做事要实在，学问要真切。"这也是我们青少年应该学习的重点，做什么事都要脚踏实地，一步一个脚印，不能浮躁，这也是事物发展的规律。同时不能墨守成规，不知变通，要敢于独立思考，对各种学说要"深究而悉讨"不能浅尝辄止、人云亦云，要敢于有自己的观点，有创新思维。

在中华民族的现代史上产生的周恩来这样的伟人和周恩来这样的精神，不是偶然的，这是时代的要求，是人民的呼唤。我们要从历史上探求这样的规律。学习周恩来精神，这对提高我们青少年素质，建设中国特色的社会主义，振兴中华，再创辉煌，具有不可估量的意义。

第6章

兼容并蓄，西学中用：西方文化与人生

西方人平等意识较强，无论贫富，人人都会尊重自己，不允许别人侵犯自己的权利。同时，人人都能充分地尊重他人。在西方国家，很少有人以自己显赫的家庭背景为荣，也很少有人以自己贫寒的出身为耻，因为他们都知道，只要自己努力，是一定能取得成功的。正如美国一句流行的谚语所言："只要努力，牛仔也能当总统。"

第一节　独立是天才的基本特征
——独立自主

　　每个人都是世上独一无二的，无须按照他人的眼光和标准来评判甚至约束自己，无须总是效仿他人。保持自我本色，这是最重要的一点。

　　每个人的生活面貌都是由自己塑造而成的，如果能学会接受自己，看清自己的长处，明白自己的短处，便能踏稳脚步，达到目标；这样就不至于浪费许多时间和精力，空自苦恼。

跳出盲从的怪圈

　　没有自己的个性，一味地盲从别人，是一个人在自我发展过程中最大的危机之一。这就是说，盲从者是把别人的成功看得更加重要，并把别人当作自己的偶像去加以效仿。在成功学中，专家的定义是没有个性的"成功"都不是最成功的，依然是一种挫败人生的表现。

　　加利福尼亚的伊丝·欧蕾从小就非常敏感，她的体重过重，加上一张圆圆的脸，使她看起来更显肥胖。她的妈妈十分守旧，认为伊丝不必穿得那么体面漂亮，只要宽松舒适就行了。所以，她一直穿着那些朴素宽松的衣服，从没参加过什么聚会，也从没参与过娱乐活动。即使入学以后，也不与其他小孩一起到户外去活动。因为她害羞，而且已经到了无可救药的程度，她常常觉得自己与众不同，不受他人的欢迎。

长大以后，伊丝·欧蕾结婚了，嫁给了一个比她大好几岁的男人，但她害羞的特点依然如故。婆家是个平稳、自信的家庭，他们的一切优点似乎在她的身上都无法找到。生活在这样的家庭之中，她总想尽力做得像他们一样，但就是做不到。家里人也想帮她解脱出来，但他们善意的行为反而使她更加封闭。她变得紧张易怒，躲开所有的朋友，甚至连听到门铃声都感到害怕。她知道自己是个失败者，但她不想让丈夫发现。于是，在公众场合她总是试图表现得十分快活，有时甚至表现得太过头了，于是事后她又十分沮丧。因此她的生活失去了快乐，她看不到生命的意义，甚至想到自杀……

当然，她并没有自杀，那么是什么改变了这位不幸女子的命运呢？竟然是一段偶然的谈话！

"是一段偶然的谈话改变了我的整个人生。"欧蕾太太说，"一天，婆婆谈起她是如何把几个孩子带大的。她说：'无论发生什么事，我都坚持让他们秉持本色。''秉持本色'这句话像黑暗中的一道闪光照亮了我。我终于从困境中明白过来——原来我一直在勉强自己去充当一个不大适应的角色。一夜之间，我整个人就发生了改变，我开始让自己学会秉持本色，并努力寻找自己的个性，尽力发现自己究竟是一个什么样的人。我开始观察自己的特征，注意自己的外表、风度，挑选适合自己的服饰。我开始结交朋友，加入一些小组的活动，第一次他们安排我表演节目的时候，我简直吓坏了。但是，我每开一次口，就增加了一点儿勇气。过了一段时间，我的身上终于发生了变化，现在，我感到快乐多了，这是我以前做梦也想不到的。此后，我把这个经验告诉孩子们，这是我经历了多少痛苦才学习到的——无论发生什么事，都要秉持自己的本色！"

不能保持自己的本来面目，这一问题自古皆然。詹姆士·基尔奇博士认为："这是人性丛林中的一种普遍现象。"这也是造成许多精神衰弱症、精神异常或精神错乱的根源。曾对儿童教育问题写过十多本书和上千篇报道的安格罗·派屈说道："当理想中的自我与现实中的自我不相一致时，那就是一种不幸。"这种现象在好莱坞比比皆是，著名导演山姆·伍德说过，他最头痛的就是让那些年轻演员如何秉持本色，他们只想变成三流的拉娜·透拉，或三流的克拉克·盖博，而"观众要的是另一种口味"。在执导《战地钟声》等名片之前，山姆·伍德从事过好几年的房地产生意，形成了自己的推销型性格。他声称，拍电影和做买卖的原则是一样的，如果只一味模仿别人，就不能成功。伍德说道，"经验告诉我，不能表现出自我本色者注定要失败，而且失败得很快。"

欧文·柏林跟乔治·葛斯文也给予人们忠告。

他们两人初识的时候，柏林已是位有名的作曲家，而葛斯文还是个每星期只赚35块钱的无名小子。柏林很赏识葛斯文的才华，愿意付3倍的价钱请葛斯文当音乐助理。"但是，你最好别接受这份工作。"柏林说，"如果你接受了，可能会变成一个二流的柏林，如果你秉持本色奋斗下去，你会是个一流的葛斯文。"葛斯文记下了柏林的忠告，果然成了美国当代著名的音乐家。

查理·卓别林开始拍电影的时候，导演要他模仿当时一个有名的德国喜剧演员。卓别林一直都不显得出色，直到找出了属于自己的戏路。

既然已来到世上，就应庆幸自己是世上独一无二的，应该把自己的禀赋发挥出来。经验、环境的遗传造就了每个人不同的面目，无论是好是坏，都得耕耘自己的园地；无论是好是坏，都得弹起生命中的琴弦。

爱默生在他的散文《自恃》中写道：

每个人在受教育的过程当中，都会有一段时间确信：嫉妒是愚昧的，模仿只会毁了自己；每个人的好与坏都是自身的一部分；纵使宇宙间充满了美好的东西。但如果不努力你什么也得不到；你内在的力量是独一无二的，只有你知道自己能做什么，但除非你真的去做，否则连你也不知道自己真的能做什么。

另外，道格拉斯·玛拉奇的一首诗也表达了同样的观点：

如果你不能成为山顶上的高松，那就当棵山谷里的小树吧——但要当棵溪边最好的小树。

如果你不能成为一棵大树，那就当一丛小灌木。

如果你不能成为一丛小灌木，那就当一片小草地。

如果你不能是一只麝香鹿，那就当尾小鲈鱼——但要当湖里最活泼的小鲈鱼。

我们不能全是船长，必须有人去当水手。

这里有许多事让我们去做，有大事，有小事，

但最重要的是我们身旁的事。

如果你不能成为大道，那就当一条小路；

如果你不能成为太阳，那就当一颗星星。

做一个最好的你！每个人都不应当丢掉自己身上最好的东西，

去盲目模仿别人，把自己变成别人的影子。

"要想成为真正的'人'，必须先是个不盲从因袭的人。你心灵的完整性是不可侵犯的……当我放弃自己的立场，而想用别人的观点去看一件事的时候，错误便造成了……"这是爱默生所讲的名言。

普林斯顿大学校长哈洛·达斯，对顺应群体与否的问题十分关切。他在 1955 年的学生毕业典礼上，以"超越盲从的重要性"为题目发表演说，指出：

"无论你受到的压力有多大，使你不得不改变自己去顺应环境，但只要你是个超越盲从而具有独立个性气质的人，便会发现，不管你如何尽力想用理性的方法向环境投降，你仍会失去自己所拥有的最珍贵的资产——自尊。想要维护自己的独立性，可说是人类具有的神圣需求，是不愿当别人橡皮图章的尊严表现。盲从虽可一时得到某种情绪上的满足，却也时时会干扰你心灵的平静。"

达斯校长最后做了一个很深刻的结论。他指出："盲从是导致人生失去自我的危机因素之一，人们只有在找到自我的时候，才会明白自己为什么会到这个世界上来、要做些什么事、以后又要到什么地方去等这类问题。"

爱默生的话可以做如下解释："要尽可能由他人的观点来看事情——但不可因此而失去自己的观点。"假如成熟能带给一个人什么好处的话，那便是发现自己的信念及实现这些信念的勇气——无论遇到什么样的因素。

第二节　人生的精彩在于探险
——勇于挑战

　　成功人士都有一种气质——挑战一切的勇敢气质。对于将要发生的那些已知和未知的事情，他们不恐惧也不拒绝，充满好奇地看着一切，勇于尝试一切，用行动而不是假设来证明可能与不可能。

　　惠普公司首席执行官，道琼斯工业指数成分股企业中唯一的女性总裁费奥莉娜曾经说过，"能完成别人认为不可能的事情是乐趣无穷的"。无独有偶，她所归纳出的个人成长和成功的七大法则中的第一条就是向高难度挑战。

敢于追求自己的梦想

　　在现实生活中，常听到有人抱怨：现实与理想有太多的差别。就是因为如此，有许多人放弃了梦想，而接受了现实。但是，有些人却不屈于生活的安排，为了自己的梦想与生活抗争着。

　　1976 年，费奥莉娜取得了斯坦福大学历史和哲学的学士学位之后，又在 1980 年取得了马里兰大学的市场营销 MBA 学位和麻省理工学院的自然学博士学位。在马里兰大学期间的学习，为她以后投身商海，做企业管理女精英奠定了更为直接的业务基础。她后来在朗讯公司赢得"超级女推销员"的美誉可能与此不无相关吧。然而，这之后，她的专业方向却出人意料地转了一个大弯——她遵从父亲的安排，进入了洛杉矶的加利福尼亚大学法学院学习法学，准备步父亲的后尘，做一个在大学教书的法学教授。这在人们看来也没有什么不合情理，这时候的费奥莉娜更是不知道哪里有什么不妥。

但是只在法学院待了一个学期，费奥莉娜突然意识到：自己已经不是个小孩子，应该按自己的意愿和兴趣走真正属于自己的人生道路。实际上，她十分讨厌单调枯燥、教条式的法学，而渴望一种人生的自由和绚丽，就如同她母亲的画那样。她相信，在商界的风云变幻中她能找到多姿多彩的人生。

经过痛苦的思索后，费奥莉娜最终决定向她一贯遵从的父亲摊牌，把自己的想法和决定和盘托出。后来，费奥莉娜笑谈那次激烈的冲突："告诉父亲我要从法学院辍学是我一生中最难做的几件事之一，他被气得喘不过气来，简直就要当场晕倒。但我不得不这样做。我说，我渴望一种自由的感觉，为了得到这种感觉，我可以用一生的时间来追寻，我可以做任何事情……幸运的是，父亲最终谅解了我。"

从此以后，这个不屈于生活安排，敢于追求自己梦想的女孩启动了事业的引擎。由最基层做起，稳扎稳打一步一步走向人生的辉煌。

选择具有挑战性的工作，挑战信念，真诚待人。勇敢面对挑战，才能摆脱平庸，取得辉煌的成就。

美国通用电气公司董事长兼首席执行官杰克·韦尔奇之所以能成为最受美国人尊敬的首席执行官，就是因为他敢于面对挑战。

80年代初期的"韦尔奇革命"是美国公司活动的巨大转变之一。韦尔奇发现自己处于一个前人所未曾经历的处境之中。因为重组是需要勇气的，是充满挑战的，而且还是充满痛苦的，通用的董事长需要宽阔的眼界和勇气来面对被他形容成无情、迟钝和残酷的指责。

没有人敢擅改强大的通用神话，这是一个巨大的挑战。这个神话是由马斯·爱迪生创始的。直至成为美国公司的最伟大成功传奇之一，有103年的历史和传统。

韦尔奇认为通用已经产生了广泛的、过度的官僚体制，它窒息了创造性和激情。

继任伊始，他就开始批评官僚体制，抨击它是妨碍迅速、简洁沟通的层层叠加的管理级次。那些多余的官僚等级制不过是在浪费时间，并且需要管理者去推动他们运转。"世界正在以这样的步伐前进，任何控制都将变成限制，阻碍着你的进步。"韦尔奇说，"你需要在放权和控制之间求得某种平衡，但是现在你已经可以得到比你所梦想的还要多的权利。"

韦尔奇敢于向有103年历史和传统的通用挑战，并取得了胜利，为此他也赢得了讨厌的绰号"中子弹杰克"。但无论如何，他勇于挑战的精神，是难能可贵的，以及分享挑战成功后的喜悦和乐趣是那些没有勇气挑战的人无法分享的。

第三节 伟大的成功源于勇敢的心态——不惧挫折

摔倒了再爬起来

"摔倒了再爬起来"，看起来是一句鼓舞克服危机者最好的话，但是要真正实现，需要的是自我鼓励的品质和勇气。有无这种品质和勇气，就直接决定了谁是一个危机者，谁是一个优势者。这句话更为主要的意义在于能让人在挫败之时看到站起来的希望！

美国百货大王梅西就是一个很好的例子。他于1882年生于波士顿，年轻时出过海，以后开了一间小杂货铺，卖些针线。铺子很快就倒闭了。一年后他又开了一家小杂货铺，仍以失败告终。

在淘金热席卷美国时，梅西在加利福尼亚开了个小饭馆，本以为供应淘金客膳食是稳赚不赔的买卖，岂料多数淘金者一无所获，什么也买不起，这样一来，小铺又倒闭了。

回到马萨诸塞州之后，梅西满怀信心地干起了布匹服装生意，可是这一回他不只是倒闭，而是彻底破产，赔了个精光。

不死心的梅西又跑到新英格兰做布匹服装生意。这一回他时来运转了，买卖做得很好，甚至把生意扩大为街边的商店。虽然商店头一天开张时账面上才收入 11．08 美元，可是现在位于曼哈顿中心地区的梅西公司已经成为世界上最大的百货商店之一。

另一个饱尝挫败滋味的零售商是詹姆士·卡什·彭尼。

彭尼在密苏里州长大。高中毕业后在一家布匹服装店当了 11 个月的小伙计，共得薪水 25 美元。

彭尼的身体不好，医生劝他多到户外活动。于是彭尼辞职前往科罗拉多州，干起了零售商的行当，他把历年所得全投进了一家小肉铺。

肉铺的最大主顾是当地一家旅馆。这旅馆的厨头兼采买是个嗜酒如命的人。有一天，他跟年轻的彭尼说，以后只要彭尼每星期白送他一瓶威士忌，他就把整个旅馆的生意包给彭尼做。彭尼不干，认为这是贿赂。于是他们之间的生意从此断绝，彭尼的小店也开不下去了。

不得已，彭尼只好再去当地一家布匹服装店当店员。他以行动和言词说通了这家商店的两名店主，让他成为第三名合伙人，即由他出一笔钱，加上原店的部分资金存货，由他单独去经营一个新店。这个主意就是联营的最初思路。

过了几年，彭尼开始了他自家的联营商店生意。他允许雇员享有自己从前享有的机会。

当彭尼的联营商店发展到 34 家时，彭尼公司诞生了。如今，这家公司已拥有 2400 家分店。此外，他还涉足银行、信贷和电子行业。

文化与人生——扮靓人生的素养

当一个人似乎已经走到山穷水尽的绝境的时候，离成功也许仅一步之遥了。

研究克服危机的人士时，会发现他们的背景各不相同。那些大公司的经理、著名的传教士、政府高级官员以及各行业的知名人士都可能来自破碎家庭、偏僻的乡村，甚至于贫民窟。这些人如今都是社会上的领导人物，他们都经历过艰难困苦的阶段。

把每一个"失败"先生拿来跟"平凡"先生以及"成功"先生相比，就会发现，他们各方面，包括年龄、能力、社会背景、国籍，以及任何一方面，都很可能相同，只有一个例外，就是对遭遇挫折的反应大小不同。

"失败"先生跌倒时，就无法爬起来了。他只会躺在地上骂个没完。

"平凡"先生会跪在地上，准备伺机逃跑，以免再次受到打击。

但是，"成功"先生的反应跟他们不同。他被打倒时，会立即反弹起来，同时会汲取这个宝贵的经验，立即往前冲刺。

激发挑战挫折的气魄

各种各样的困境，都有一个共同特点——考验人的意志力，或者叫抗挫力。每个人都会有困境，没有困境的人是不可能有的，只有挑战困境，才能从困境中走出第一步。

许多人走不出困境，是因为缺乏高喊"我很重要"的勇气；相反能这样做的人，就会是另外一种样子。

第二次世界大战后受经济危机的影响，日本失业人数陡增，工厂效益也很不景气。一家濒临倒闭的食品公司为了起死回生，决定裁员三分之一。有三种人名列其中：一种是清洁工，一种是司机，一种是无任何技术的仓管人员。三种人加起来有30多名。经理找他们谈话，说明了裁员意图。清洁工说："我们很重要，如果没有我们打扫卫生，没有清洁优美、健康有序的工作环境，你们怎么会全身心投入工作？"司机说："我们很重要，这么多产品没有司机怎能迅速销往市场？"仓管人员说："我们很重要，战争刚刚过去，许多人挣扎在饥饿线上，如果没有我们，这些食品岂不要被流浪街头的乞丐偷光？"经理觉得他们说的话都很有道理，权衡再三决定不裁员，重新制定了管理策略。最后经理令人在厂门口悬挂了一块大匾，上面写着："我很重要"。每天当职工们来上班，第一眼看到的便是"我很重要"这4个字。不管一线职工还是白领阶层，都认为领导很重视他们，因此工作也很卖命。这句话调动了全体职工的积极性，几年后公司迅速崛起，成为日本有名的公司之一。

敢说"我很重要"吗？试着说出来，就能激发出挑战困境的气魄！

你可曾沮丧消沉？你可曾遭遇严重困境？或为自己所犯的错误过分自责？你可曾劳而无获？你这一生中可曾发生个人悲剧？可曾因疾病或受伤而造成残障？你是否因为希望破灭而心情沉重？是否冒险犯难，结果彻底陷入困境？

以上这些情形，都不应妨碍一个人达成最后目标。陷入困境正如冒险和胜利一般，是生命中必然具备的一部分。伟大的成功通常都是在无数次的痛苦失败之后才得到的。大剧作家兼哲学家萧伯纳曾经写道："克服危机是经过许多次的大错之后才得到的。"

享受工作乐趣，便是瞻望未来的成功，遗忘过去的困境。把错误和

文化与人生——扮靓人生的素养

失败当作是学习的方法，然后就将它们逐出脑外。

不论发生什么事，决不要认为自己是挫败者，反而要阻止消极的思想侵蚀自己的心灵。不要落入不满的陷阱，变得忧虑、蛮横或愤世嫉俗。处境不顺时，千万不要借酒精或实物来逃避现实，这些东西对心灵迟早会产生压抑的效果。最重要的是，不要与其他失败者同病相怜。不幸的人喜欢结伴同行，那些什么也做不好的同伴可不愿见你脱离苦海，他们希望其他人和他们一起沉沦下去。

自以为别人都与其作对的人，以及尖酸刻薄的人，比患了绝症还要不幸。事实上，有些医学专家认为，这种精神上的堕落确实可能导致绝症。但是，毒瘤可以用手术割除，恶劣的情绪却不能。只有自己纠正心理的偏颇，才能重回健康、富有和幸福的正道。

挫败不可能排除态度的因素。

爱迪生曾长期埋头于一项发明。一位年轻记者问他："爱迪生先生，你目前的发明曾失败过一万次，你对此有何感想？"爱迪生回答说："年轻人，因为你人生的旅程才起步，所以我告诉你一个对你未来很有帮助的启示。我并没有挫败过一万次，只是发现了一万种行不通的方法。"

爱迪生发明电灯时，共做了14000次以上的实验。他成功地发现许多方法行不通，但还是继续做下去，直到发现了一种可行的方法为止。他证实了大射手与小射手之间的唯一差别：大射手只是一位继续射击的小射手。

除非自己放弃，否则就不会被打垮。

伟大的希腊演说家德谟克利特因为口吃而害臊羞怯。他父亲留下一块土地，想使他富裕起来，但当时希腊的法律规定，他必须在声明土地所有权之前，先在公开的辩论中战胜所有人才行。口吃加上害羞使他惨败，结果丧失了这块土地。从此他发奋努力，创造了人类空前未有的演讲高潮。

　　历史上忽略了那位取得他财产的人，但几个世纪，世界各地的学童都在聆听德谟克利特的故事。不管跌倒多少次，只要再站起来，就不会被击垮。

第四节　责任感与机遇成正比
——担当责任

　　自责是人的一种本能，如果每个人都对过去自己犯的错误产生自责，就能学到经验，克服危机；但是只自责而不愿接受过去不可避免的事实就会贻误自己做下一步的工作。我们要学会承受一切不可逆转的事实，对那些必然之事主动而轻快地接受。

　　小时候的一天，汤姆和几个朋友一起在北密苏苏里州一间废弃的老木屋里的阁楼上玩耍。当他从阁楼上爬下来的时候，先在窗栏上站了一会儿，然后往下跳。他左手的食指上戴着一个戒指。当他跳下的时候，那个戒指钩住了一根钉子，把他的整根手指拉脱了。

　　汤姆尖声地叫着，吓坏了，以为自己死定了，可是在他的手好了之后，他就再也没有为此事而烦恼。烦恼又有什么用呢？因此，他接受了这一不可避免的事实。现在，他几乎根本就不会去想，他的左手只有四个手指头。

　　几年之前，汤姆碰到一个在纽约市中心一家办公大楼里开运货电梯的人。他注意到他的左手齐腕截断了。汤姆问他，少了那只手是否觉得难过？他说："噢，不会，我根本就不会想到它。只有在穿针的时候，才会想起这件事情来。"

如果有必要，每个人差不多都能接受任何一种情况，使自己适应，然后就整个忘了它。汤姆常常想起刻在荷兰首都阿姆斯特丹一间 15 世纪的古老教堂的废墟上的一行字——"事情是这样，就别无他样"。

在漫长的岁月中，人们一定会碰到一些令人不快的情况，它们既然是这样，就不可能是别的样子。但也可以有所选择，可以把它们当作一种不可避免的情况加以接受，并且适应它。

坦诚面对不可避免的事实

威廉·詹姆斯说"要乐于承认事情就是这样的，是一种克服心理危机的方法""能够接受发生的事实，就是能克服随之而来的任何不幸的第一步"。

住在俄勒冈州波特南的伊丽莎白·康尼，经过很多困难才学会坦然面对。下面是一封她写的信：

"在美国庆祝陆军在北非获胜的那一天，我接到国防部送来的一封电报，我的侄儿——我最爱的一个人——在战场上失踪了。过了不久，又来了一封电报，说他已经死了。

我悲伤得无以复加。在这件悲痛之事发生以前，我一直觉得生命于我多么美。我有一份自己喜欢的工作，好不容易带大了这个侄儿。在我看来，他代表了年轻人美好的一切。我觉得我以前的努力，现在都得到了很好的回报……然而，我最后收到的竟是两份这样的电报，我的整个世界都粉碎了，觉得再也没有什么值得我活下去的了。我开始忽视我的工作，忽视我的朋友，我抛开了一切，既冷淡又怨恨为什么我最爱的侄儿会死？为什么这么个好孩子——还没有开始他的生活——为什么他应该死在战场上？我没有办法接受这个事实。我悲伤过度，决定放弃工作，离开我的家乡，把我自己藏在眼泪和悔恨之中。

就在我清理桌子、准备辞职的时候，我突然看到一封已被我忘了的信——一封从我这个已经死了的侄儿那里寄来的信。信是几年前我母亲去世时他写给我的一封信。'当然我们都会想念她的，'那封信上说，'尤其是你，不过我知道你会撑过去的，以你个人对人生的看法，就能让你撑得过去。我永远也不会忘记你教我的那些美丽的真理：不论活在哪里，不论我们分离得多么遥远，我永远都会记得你教我要微笑，要像一个男子汉，承受一切发生的事情。'

我把那封信读了一遍又一遍，觉得他似乎就在我的身边，正在和我说话。他好像在对我说：'你为什么不照你教给我的办法去做呢？撑下去。不论发生什么事情，把你个人的悲伤藏在微笑底下，继续过下去。'

于是，我又回去工作。我不再对人冷淡无礼。我一再对我自己说：'事情到了这个地步，我没有能力去改变它，不过我能够像他所希望的那样继续活下去。'我把所有的思想和精力都用在工作上，我写信给前方的士兵——给别人的儿子们。晚上我参加了成人教育班——要培养出新的兴趣，结交新的朋友。我几乎不敢相信发生在我身上的种种变化。我不再为已经永远过去的那些事悲伤，现在我每天的生活里都充满了快乐——就像我的侄儿要我做到的那样。"

伊丽莎白·康尼学到了所有人迟早都要学到的东西——必须接受和适应那些不可避免的事情。这不是很容易学会的一课。就连那些在位的帝王也要常常提醒他们自己这样做。已故乔治五世在他白金汉宫的房里挂着下面的这句话："教我不要为月亮哭泣，也不要为过去的事后悔。"叔本华也说过："能够顺从，就是你在踏上人生旅途中最重要的一件事。"

很显然，环境本身并不能使人们快乐或不快乐，只有对周围环境的反应，才能决定自己的感觉。必要时人们都能忍受灾难和悲剧，甚至战胜它们。也许会有人以为我们办不到，但内在的力量却坚强得惊人。只要肯加以利用，就能克服一切。

已故的布什·塔金顿总是说："人生加诸于我的任何事情，我都能接受，只除了一样，就是瞎眼。那是我永远也没有办法忍受的。"然而，有一天他低头看着地毯，色彩整个模糊，他无法看清楚地毯的花纹。他去找了一个眼科专家，发现了一个不幸的事实：他的视力在减退，有一只眼睛几乎全瞎了，另一只离瞎也为期不远了。他唯一所怕的事情终于发生在他的身上。塔金顿对这种"所有灾难里最可怕的事"有什么反应呢？他是不是觉得"这下完了，我这一辈子到这里就完了"呢？没有，他自己也没有想到他还能觉得非常开心，甚至还能善用他的幽默感。以前，浮动的"黑斑"令他很难过。它们会在他眼前游过，遮断了他的视线，可是现在，当那些最大的黑斑从他眼前晃过的时候，他却会说："嘿，又是老黑斑爸爸来了，不知道今天这么好的天空，它要到哪里去。"

当塔金顿终于完全失明之后，他说："我发现我能承受我视力的丧失，就像一个人能承受别的事情一样。要是我5种感官全丧失了，我知道我还能够继续生存在我的思想里，因为我们只有在思想里才能够看，只有在思想里才能够生活，不论我们是不是知道这一点。"

塔金顿为了恢复视力，在一年之内接受了12次手术，为他动手术的是当地的眼科医生。他有没有害怕呢？他知道这都是必要的，他知道他没有办法逃避，所以唯一能减轻他受苦的办法，就是爽快地去接受它。他拒绝在医院里用私人病房，而住进大病房里，和其他病人在一起。他试着去使大家开心，而在他必须接受好几次手术时——他很清楚地知道在他眼睛里动了些什么手术——他只尽力让自己去想他是多么的幸运。"多么好啊，"他说，"多么妙啊，现在科学的发展已经达到了这种技巧，能够为人的眼睛这么纤细的东西动手术了。"

一般人如果要忍受12次以上的手术和不见天日的生活，恐怕都会变成神经病了。可是塔金顿说："我可不愿意把这次经历拿去换一些不开心的事情。"这件事教会他如何接受，这件事使他了解到生命能带给他的没有一样是他能力所不及而不能忍受的。这件事也使他领悟了富尔顿所说的："瞎眼并不令人难过，难过的是你不能忍受瞎眼。"

要是人们退缩，或是加以反抗，为它难过，也不可能改变那些不可避免的事实。但可以改变自己，想要克服危机，必须学会承认那些不可避免的事实。

为了一次次演讲，罗伯特曾经访问过好几个有名的生意人。给他印象最深的是，他们大多数都能接受那些无可避免的事实而过着无忧无虑的生活。如果他们不这样的话，他们就会在过大的压力之下被压垮。下面就是几个很好的例子：

创设了潘尼连锁店的潘尼说："哪怕我所有的钱都赔光了，我也不会忧虑，因为我看不出忧虑可以让我得到什么。我尽我所能地把工作做好，至于结果就要看老天爷了。"

亨利·福特也说过一句类似的话："碰到我没办法处理的事情，我就让它们自己去解决。"

克莱斯勒公司的总经理凯勒先生说："要是我碰到很棘手的情况，只要想得出办法解决的，我就去做。要是干不成的，我就干脆把它忘了。"

坦然的人从来不为未来担心，因为没有人能够知道未来会发生什么事情，影响未来的因素太多了，也没有人能说出这些影响都从何而来，所以何必为它们担心呢？如果说凯勒是个哲学家，他一定会觉得非常困窘，他只是一个很好的生意人。可是他的想法，却和19世纪以前罗马的大哲学家依匹托塔士的理论差不多。"快乐之道无他，"依匹托塔士告诉罗马人，"只有一点，只要是我们的意志力所不及的事情就不要为之忧虑。"

莎拉·班哈特可以算是最懂得怎么去适应那些不可避免的事实的女人了。她在71岁那年破产了——所有的钱都损失了，而她的医生告诉她必须把腿锯断。因为她在横渡大西洋的时候碰到暴风雨，摔倒在甲板上，使她的腿伤得很重，她染上了静脉炎、腿痉挛，那种剧烈的痛苦，使医生认定她的腿一定要锯掉。这位医生担心该如何去把这个消息告诉正陷入困境的莎拉。他简直不敢相信，莎拉看了他一阵子，然后很平静地说："如果非这样不可的话，那只好这样了。"

当她被推进手术室的时候，她的儿子站在一边哭。她朝他挥了一下手，高高兴兴地说："不要走开，我马上就回来。"

在去手术室的路上，她一直背着她演过的一出戏里的一幕。有人问她，这么做是不是为了提起她自己的精神？她说："不是的，是要让医生和护士们高兴，他们受的压力可大得很呢。"手术完成，健康恢复之后，莎拉·班哈特继续环游世界，使她的观众又为她着迷了 7 年。

"当我们不再反抗那些不可避免的事实之后，"爱尔西·迈克密克在一篇文章里说，"我们就能节省下精力，创造出一个更丰富的生活。"

没有人能有足够的情感和精力，既抗拒不可避免的事实，又创造一个新的生活。人们只能在这两个中间选择一个：或者在生活中那些无可避免的暴风雨之下弯下身子，或者因抗拒它们而被摧折。但是在这个充满忧虑的世界，今天的人比以往更需要这句话："要克服自己自责的危机，对必然的事，就要轻快地去承受。"

第五节　控制愤怒的情绪
——理性取胜

情绪失控最常见的表现是愤怒。为什么愤怒呢？是因为不满。其实，愤怒者常因情绪不稳而毁掉自己的大事。

不可意气用事

如果不能控制自己的情绪，一个人即使本领再大，也不会做出太大的事业来，因为情绪失控本身就是一个人危机之所在。

一个单身汉，住在用茅草搭起的房子里。他勤劳耕种，自食其力。渐渐地，油盐酱醋之类的生活必需品越来越齐备了。但是令他恼火的是，房里老鼠成灾，白天乱窜，晚上乱叫，还磨牙，终日闹个不休。这汉子满腹怨气，又无计可施。

一天，这汉子酒喝多了，躺在床上睡觉，这时老鼠们闹得更凶了，似乎是故意惹他生气。汉子怒火万丈，一把火把房子烧了个精光。老鼠是全没了，可他的家也没了。

愤怒时，不妨问一下自己："愤怒能解决问题吗？"尽量试着找出建设性的方法，而不是意气用事。

愤怒是因为人们已习惯用它们来表达自己的不满，来表明自己的要求，希望达到自己的目的。其实，这是与人相处的一种心理危机的体现。

根据一般人的说法，愤怒是一种必须让它自然宣泄的情绪。然而，发泄愤怒本身并不合乎自然的法则，愤怒不能使人过得更好，暴怒、发脾气对任何人的生活都没有正面的意义。

愤怒及发脾气，并非是博得他人合作的有效工具。不要让自己养成失去控制以赢得他们对你认同的习惯，这样只能赢得一时，但终究会挫败。

可以生气，但关键在于如何发怒，以及它会如何影响你与他人的关系。

假设你是货车司机，早上开车离家，在你到达目的地前，你可能会碰到各种情况。如超车、乱按喇叭、在内线车道上挡你的路，或者紧跟着你的车尾不顾安全距离，还有一些太大、太吵、太旧的车子也在路上来来往往。

在一天当中，驾驶可以说是最常遇到各种令人愤怒的情况。

你如何处理心中的恨意以及挫折感呢？你可采取行动，例如发怒。也像别人一样加速超车、乱按喇叭。尽管你的烦躁会得到些许舒解，但如果你的生活整天就是如此发泄愤怒情绪，不需要多久，你一定会感觉生活一团忙乱，甚至会因此丧生。

不要一开始就生气，不要玩命似地跟人家比快。放松情绪，早点出门，多花点时间没关系。不要让别人控制了你的情绪，沿着你自己的车道一路前进，听一听车上收音机的音乐，对那些愁眉苦脸

文化与人生——扮靓人生的素养

— 144 —

的人笑一笑。

在生活中，每当你发脾气或在愤怒的情绪下工作时，你应该分析所有使你愤怒的原因，然后避免使自己暴露于那些痛苦之下。

愤怒的情绪是你自己引发的，如果你放任自己于愤怒的情绪中，很可能会使对方感到愤怒、生气。

保持温驯和顺的态度不对吗？这总比暴跳如雷、乱发脾气的态度要好得多。

要学会控制自己的情绪

对人产生愤怒情绪的最大原因，便是认识的那个人正在对自己做出可怕的事情。也许那正是生气的原因，那是一种保护性的情绪，在气愤当中变得更强壮、更野蛮、更有破坏力。也许这可以使一个胆小鬼鼓起勇气去与恐龙搏斗，但通常这种行为没什么用处。

如何处理愤怒情绪？如果是长年不断，随时会爆发的常态行为，那就应该用理性的态度来面对它。发泄出来，或与对方讨论，找出原因，不要用偏激的方法来处理它。

如果愤怒情绪是在不知不觉中产生的，就如同大多数人的情况一样，处理态度就不一样了。可以让这些情绪堆积起来，然后一次让它发泄掉，就像把气球吹得鼓起来后飞掉一样。

现代心理学大师威廉·詹姆斯博士曾说过："一个人无法以意志来控制他的情绪。"但是你可以用你的意志来控制你的举止。同时，当你的行为表现出某种样子时，你的感觉就是那个样子。

换句话说，如果你希望感到快乐时，你就必须表现出快乐的举止。希望感到有成就感时，你的行为就必须看起来很有成就的样子。人生就像是举止与反应的实验室，你的情绪正是印证你行为的一种反应。

因此，如果你表现愤怒的态度时，你就会有愤怒的感觉。那种利用机会发泄愤怒的说法并不能使愤怒的感觉离开你。让别人看到你发脾气，只会让别人看笑话而已，因为那样就像把自己赤裸裸地暴露在大庭广众之下。如果你觉得发泄愤怒比你对友谊、爱情、信仰、信心以及对他人尊重的需求更重要的话，那么你就尽管发你的脾气好了。但是其后果通常是你非常不愿意看到的。

如果你已厌倦愤怒独处的话，那么试试这个方法：当愤怒情绪萌芽时就把它除掉。当感到胃部收紧，心跳加速，脑子里一片空白时，就赶快使它冷却。如有必要的话，你可以离开现场，但不要自我折磨。

上面的忠告从正反两面来讲，都是一样有效。表现出冷静的行为就会使你感到冷静，而愤怒就不再是你与他们沟通的绊脚石了。

每一个人都必须学习以自己的方式，处理自己的情绪。最终的目的是你必须以有效的方法，控制愤怒、控制仇视心理或罪恶的心理，如此才能使你的人生过得更美好，而不至于挫败。

第 7 章

实现中国梦，青春勇担当：青年文化与人生

展望未来，世界的舞台将属于青年一代，青年一代必将大有可为，也必将大有作为。这是"长江后浪推前浪"的历史规律，也是"一代更比一代强"的青春责任。青少年要勇敢肩负起时代赋予的重任，志存高远，脚踏实地，努力在实现中华民族伟大复兴的中国梦的生动实践中放飞青春梦想。

第一节　不要让精神"缺钙"
——坚持积极信念

一个自觉克服危机的人当然是强者。强者不是天生的，强者也并非没有软弱的时候，强者之所以成为强者，正在于他善于战胜自己的软弱。拿破仑·希尔说："尽量不要理会那些使你认为你不能成功的疑虑，勇往直前，拼到挫败也要去做做看，其结果往往并非真的会挫败。"

不要沉溺在自卑的情绪之中

据统计，世上有 92% 的人是因为对自己信心不足，而不能走出生存的困境。这种人就像一棵脆弱的小草一样，毫无信心去经历风雨。这就是说，缺乏自信，而在自卑的陷阱中爬来爬去，是这些人最大的生存危机，自然就会导致挫败。如果不能从自卑中挣脱出来，就成不了一个能克服危机的人。

自卑是害人的毒药，甚至是杀人的利器。

有一次，松下电器公司招聘一批基层管理人员，采取笔试与面试相结合的方法。计划招聘 10 人，报考的却有几百人。经过一周的考试和面试之后，通过电子计算机计分，选出了 10 位佼佼者。当松下幸之助将录取者一个个过目时，发现有一位成绩特别出色，但面试时给他留下深刻印象的这位年轻人却未在 10 人之列。这位青年叫神田三郎。于是，松下幸之助当即叫人复查考试情况。结果发现，神田三郎的综合成绩名列第二，只因电子计算机出了故障，把分数和名次排错了，导致神田三郎落选。松下立即吩咐纠正错误，给神田三郎发录用通知书。第二天松下先生却得到一个惊人的消息：神田三郎因没有被录取而一下自卑起来，于是跳楼自杀了。录用通知书送到时，他已经死了。

听到这一消息，松下沉默了好长时间。一位助手在旁也自言自语："多可惜，这么一位有才干的青年，我们没有录取他。"

"不，"松下摇摇头说，"幸亏我们公司没有录用他。意志如此不坚强的人是干不成大事的。"

人生不如意事十之八九，因为求职未被录取而拿死亡来解脱自卑的情绪，是非常可怕的。成功根源于坚韧不拔的意志，这正是有些自卑者所缺少的。当看到鲜花和荣誉环绕之下的成功之士时，不要仅仅将其归功于机遇与环境，应当牢记：意志是克服自卑的垫脚石。

"成功者"与"普通人"的性格区别在于，成功者充满自信、洋溢活力；而普通人即使腰缠万贯、富甲一方，内心却往往灰暗且脆弱。

那么，他们的共同点又是什么呢？就是人类与生俱来的自卑感。

自卑是许多人身上明显存在的生存危机，因为这些人在自信者面前都是脆弱的软体动物。自卑是一种消极的自我评价或自我意识，即个体认为自己在某些方面不如他人而产生的消极情感，是一种危机心态。自卑感就是个体把自己的能力、品质评价贬低的一种危机的自我意识——

具有自卑感的人总认为自己事事不如人，自惭形秽，丧失信心，进而悲观失望，不思进取；一个人若被自卑感控制，其精神生活将会受到严重的束缚，聪明才智和创造力也会因此受到影响而无法正常发挥作用。所以，自卑是束缚创造力的一条绳索。

不让消极信念在体内膨胀

每个人在一生中都有一门重要的学问要学，那就是怎样去面对"挫败"，处理得好坏往往就决定了一生的命运是处于危机还是处于优势。安东尼·罗宾说过："面对人生逆境或困境时所持的信念，远比任何事都来得重要。"有些人在历经了一些挫败后便开始消沉，认为不管做什么事都不会成功，这种消极的信念蔓延开来，让他觉得无力、无望、甚至于无用。如果你想要克服危机，想要追求自己的优势，就千万不可有这样的信念，因为它会扼杀一个人的潜能，毁掉克服生存危机的希望。

缺乏坚定的信念，是很多人的一大通病。但下面这个人却不是这样，他把信念作为自己的一面旗帜。

罗杰·罗尔斯是美国纽约州历史上第一位黑人州长。他出生在纽约声名狼藉的大沙头贫民窟。这里环境肮脏，充满暴力，是偷渡者和流浪汉的聚集地。在这儿出生的孩子，耳濡目染，他们从小逃学、打架、偷窃甚至吸毒，长大后很少有人从事体面的职业。

然而，罗杰·罗尔斯是个例外，他不仅考入了大学，而且成了州长。

在就职的记者招待会上，一位记者对他提问："是什么把你推向州长宝座的？"面对三百多名记者，罗尔斯对自己的奋斗史只字未提，只谈到了他上小学时的校长——皮尔·保罗。

1961年，皮尔·保罗被聘为诺必塔小学的董事兼校长。当时正值美国嬉皮士流行的时代，他走进大沙头诺必塔小学的时候，发现这儿的穷孩子比"迷惘的一代"还要无所事事。他们不与老师合作，旷课、斗殴，甚至砸烂教室的黑板。皮尔·保罗想了很多办法来引导他们，可是没有一个是奏效的。后来他发现这些孩子都很迷信，于是在他上课的时候就多了一项内容——给学生看手相。他用这个办法来鼓励学生。

当罗尔斯从窗台上跳下，伸着小手走向讲台时，皮尔·保罗说："我一看你修长的小拇指就知道，将来你是纽约州的州长。"当时，罗尔斯大吃一惊，因为长这么大，只有他奶奶让他振奋过一次，说他可以成为5吨重的小船的船长。这一次，皮尔·保罗先生竟说他可以成为纽约州的州长。着实出乎他的预料。他记下了这句话，并且相信了它。

从那天起，"纽约州州长"就像一面旗帜，罗尔斯的衣服不再沾满泥土，说话时也不再夹杂污言秽语。他开始挺直腰杆走路，在以后的40多年间，他没有一天不按州长的身份要求自己。51岁那年，他终于成了州长。

在就职演说中，罗尔斯说："信念值多少钱？信念是不值钱的，它有时甚至是一个善意的欺骗。然而你一旦坚持下去，它就会迅速升值。"

在这个世界上，信念这种东西任何人都可以免费获得，所有成功的人，最初都是从一个小小的信念开始的。信念就是所有奇迹的萌发点。

抛掉过去的阴影

大多数存在危机的人都有一个习惯，就是不能忘记过去的阴影——可能是打击、挫败、伤心、流泪，因此一天到晚自悯自怜。这种人的生存危机是显然易见的，用"可怜虫"可以概括他们。对克服危机者来说，不生活在过去的阴影中而直面脚下的路，才重现了一个有优势潜能的自我形象。

一位心理医生曾遇到这样一件事。

他接待了一位患者，这是一名建筑工人，干这一行许多年，为曼哈顿的摩天大楼出了不少力。

但是，他却没有任何成就感，相反，他恨自己，有时甚至想从建筑工地的高楼上跳下去一死了之。

为了帮助他，医生询问他过去的生活。

他说，他这一生总有摆脱不了的烦恼。小时候上学，老师说他傻，说他就是块傻料。他忘不了那句话，从那以后，他一直恨自己。学习成绩一落千丈，好几门功课不及格，最后终于逃学了。从此，他认为自己就是失败者。

确切地说，这是矛盾的，因为他取得了很大的成就。他在建筑业萧条的时候当上了建筑工人，而且干了好长一段时间。他当过士兵，打过仗，后来结了婚，现在有5个孩子。他的长女在上大学，曾向他介绍过这位医生写的书。他因此来找这位医生，希望能得到帮助。

　　"你应该这样对待自己，"医生说，"你失败过，你为什么就不能有失败呢？每个人都会有失败，但你应该看到成功。摆脱过去，看一看自己已经取得的成绩。这些年来，你工作稳定。你已成为一个有用的人，也结了婚，有了 5 个孩子。5 个孩子快长大成人了。女儿又上了大学，你用自己的辛勤劳动支持他们，看到他们成长，你想这不是成功又是什么？"

　　他脸上掠过一丝微笑。"我从来没那么想过。"他说。

　　"别再依依不舍那些失败了，"这位医生说，"你已经成功了，想想这些成功吧。这样，你就会知道什么叫享受，你就会笑得更多。"

　　一个聪明人并不会为他所缺少的感到悲哀，而是为他所拥有的感到欣喜。会享受的人能够超越消极的情绪，每当他想起新的生活，新的经历，他就兴奋不已。他不怕恐惧，不怕变化。他面对现实，背对过去。这就是说不能面对现在，不能抛掉过去的阴影，是无法登上成功之路的。

　　如何对付过去人生遇到的各种不幸？安东尼·罗宾提出的忠告就是：把苦恼、不幸、痛苦等认为是人生不可避免的一部分。当一个人遇到不幸时，得抬起头来，严肃对待，并且说："这没有什么了不起，它不可能打败我。"其后，不断向自己重复使人愉快高兴的话："这一切都会过去。"

　　面对遇到的巨大不幸，要自己宽容自己，这也许是最难对付的人生挑战。大多数人认为：宽恕他人比宽恕自己做起来要容易得多。没有任何一种惩罚比自我责备更为痛苦的了。

　　过去的事情就让它过去吧，因为谁都无法去改变它了。记住：坏的东西可以引出好的结果，只要吸取教训，便能从中得益，就能克服危机。

第二节 素质和本领
是梦想催化剂——练就过硬本领

一个人没有志气和没有主见，是最易具备可怕的生存危机的，他们常常因此而每况愈下，直到不可收拾的地步。他们对平凡、枯涩、没趣味的生活，都能苟安下去，抱着"做一天和尚撞一天钟"的想法，从不想到要怎样提起精神，拿出一些本领，往前跨两步。

不要心存懒惰

每一个人在面对自己的生活、面对充满竞争的生存环境时，都不能胸无大志、安于现状，而应该挑战自我；自己身上的危机越多，就越不能回避，而是要像医生治病一样，把自己身上的病菌消灭干净，否则就会影响整个身体的健康。一个人要想挑战自我获得成功，就必须克服懒惰这一通病，不甘于平庸，拒绝随波逐流，才能克服人生危机。

原来，平庸是因为懒惰、缺乏坚持！世间最容易的事是坚持，最难的事也是坚持。说它容易，是因为只要愿意做，人人都能做到；说它难，是因为真正能做到的，终究只是少数人。正是这种难易之别决定了有些人是平庸者，而有些人则是成功者。

文化与人生——扮靓人生的素养

人的一生会说过多少个"请"字？有一个人为了不成为平庸者，竟然靠2500个"请"字，改变了自己的命运，获得了成功。

40多岁的米·乔伊遭遇公司裁员，失去了工作，从此一家6口人的生活全靠他一人外出打零工挣钱维持，经常是吃了上顿没下顿，有时一天连一顿饱饭也吃不上。

为了找到工作，米·乔伊一边外出打工，一边到处求职，但所到之处都以其年龄大或者单位没有空缺为借口将其拒之门外。然而，米·乔伊并不因此而灰心，他看中了离家不远的一家建筑公司，于是便向公司老板寄去第一封求职信。信中他并没有将自己吹嘘得如何能干、如何有才，也没有提出自己的要求，只简单地写了这样一句话："请给我一份工作。"

这位底特律建筑公司老板麦·约翰收到求职信后，让手下人回信告诉米·乔伊"公司没有空缺"。但米·乔伊仍不死心，又给公司老板写了第二封求职信。这次他还是没有吹嘘自己，只是在第一封信的基础上多加了一个"请"字："请给我一份工作。"此后，米·乔伊一天给公司写两封求职信，每封信都不谈自己的具体情况，只是在信的开头比前一封信多加一个"请"字。

3年间，米·乔伊一共写了2500封信，即在2500个"请"字后是"给我一份工作"。见到第2500封求职信时，公司老板麦·约翰再也沉不住气了，亲笔给他回信："请即刻来公司面试。"面试时，麦·约翰告诉米·乔伊，公司里最适合他的工作是处理邮件，因为他"最有写信的耐心"。

当地电视台的一位记者获知此事后，专程登门对米·乔伊进行采访，问他为什么每封信都只比上一封信多增加一个"请"字时，米·乔伊平静地回答："这很正常，因为我没有打字机，只想让他们知道这些信没有一封是复制的。"而老板麦·约翰不无幽默地说："当你看到一封信上有 2500 个'请'字时，你能不被感动吗？"

耐心，并不是所有人都可以做到，尽管有时候它非常容易。耐心本身就是一个人能力的体现，他不必为自己做太多的吹嘘，看看他的耐心，就会明白一切。如果不想成为平庸者，不愿随波逐流，在认定了一个目标之后，请不要犹豫，耐心就是胜利。

从来没有听说过有什么懒惰闲散、好逸恶劳的人曾经取得多大的成就。只有那些消除懒惰情绪并全力拼搏的人，才有可能成功。

再努力一把的心态

一个人的危机与丧失积极向上的力量有极大关系，因为缺乏积极向上的力量的人，身上就会缺少一根筋——决心成功！实际上，对于那些优秀者，他们不光靠自己的聪明才智脱颖而出，而且靠积极向上的力量克服随时都有可能袭来的消极心态。

有位极具智慧的心理学家，在他的小女儿第一天上学之前，教给她一项诀窍，足以令她在学习生活中无往不利。

这位心理学家送女儿到学校门口，在女儿进校门之前，告诉她，在学校里要多举手，尤其在想上厕所时，更是特别重要。

小女孩真的遵照父亲的叮咛，不只在上厕所时记得举手，老师发问时，她也总是第一位举手的学生。不论老师所说的、所问的她是否了解，或是否能够回答，她总是举手。

随着日子一天天过去，老师对这个不断举手的小女孩，自然而然印象极为深刻。不论她举手发问，或是举手回答问题，老师总是优先让她开口。而因为累积了许多这种不为人所注意的优先举手发言，竟然令小女孩在学习的进度上，以及自我肯定的表现上，甚至于许多其他方面的成长，大大超越其他同学。

多多举手，正是心理学家教给女儿在学习生涯中的利器。成功者是积极主动的，失败者则是消极被动的。成功者常挂在嘴边的一句话是："有什么我能帮忙的吗？"而失败者的口头禅则是："那又不干我的事。"凡事多举手，多去协助别人，成功的路程将在此展开。

绝大多数人之所以无所成就、默默无闻，之所以只能在人生的舞台上扮演无足轻重的次要角色——包括那些懒惰闲散者、好逸恶劳者、平庸无奇者——最重要的原因之一就在于他们缺乏积极向上的力量。

对于一个试图克服生存危机的人来说，不管他是多么的一贫如洗、身无分文，只要他渴望着有一种克服危机的积极向上的力量，希冀着完善自己，那他就是大有希望的。

但是，对于那些胸无大志、甘于平庸之辈，无计可施；如果他自身不想克服危机，即便外人再怎么推动和激励都是无济于事的。对一个渴望克服危机，一定要消除自身危机的人来说，任何东西都很难阻碍他前进的脚步。不管他所处的环境是多么恶劣，也不管他面临多少不利的制约因素，他不停地寻找自己的优势，总是能通过某种途径脱颖而出，谁都不可能阻挡一个林肯式的人物或者是威尔逊式的人物的崛起，对于这样的一些人，即便是贫穷到买不起书本的地步，他们依旧可以通过借阅而获得梦寐以求的知识，并把危机转变成优势。

炫出自己的昂立之势

在很多人身上存在一种通病，那就是对自己新的生活萎靡不振，没有昂立之势，不但没有重塑自我的决心而且会消极等待。这些人的危机就来源于自己不专心去做、不下决心、不肯吃苦，所以有挫败的人生。有人说，下面这个故事会让绝大多数有萎靡不振情绪的人害羞的：

英国的伦敦塔在伊丽莎白一世的时候是用来关犯人的。1573年，汉普顿的维斯利伯爵因为得罪了皇室而被投入伦敦塔，囚禁在潮湿阴冷、又高又厚的石墙里，真是呼天天不应，叫地地不灵。维斯利伯爵彻底地绝望了。要知道，没有几个人能活着走出伦敦塔，即使不生病也会因为长期与世隔绝而发疯。

维斯利伯爵的囚室里只有一扇小窗户。这一天，他照例呆坐在小窗下，沮丧地望着窗外的一小片蓝天，哀叹自己不幸的命运，陷入萎靡不振的情绪之中。突然，一个毛茸茸的东西跳到窗台上，他定睛一看，那不是他的小猫白花吗？这怎么可能呢？他使劲地甩了甩头，心想：莫非这么快我就已经神经错乱了吗？可小猫那"喵喵"的叫声又是那么真切。他便伸出手，轻声地叫着："白花！"小猫闻声从铁窗缝里挤进来，一下子跳到他的怀里！维斯利伯爵这才意识到他不是在做梦，他紧紧地抱住白花，忍不住号啕大哭！

原来，自从主人被抓走以后，白花也离开了家。可究竟它是怎样发现了维斯利伯爵被关押的地方，并且顺着烟囱到了他的囚室，谁也解释不清。狱卒知道了白花的故事也唏嘘不已，他破例允许维斯利伯爵把小猫留下来，而且也没有向皇室报告。从此，维斯利伯爵在他孤独的铁窗生涯里有了一个伴侣。送来了饭，他总是让白花先吃，他从心里感激这个自愿跑来陪他坐牢的伙伴。他俩就这样相伴着度过了一个个春夏秋冬，直到白花老死在监狱里。白花死后，维斯利伯爵只有自己一个人，可是他没有变得沮丧，他下决心要活着出去，不然就对不起白花。

1624 年，当政的詹姆斯国王终于把维斯利伯爵放了出来，使他在被捕 51 年后走出了伦敦塔。出狱后，他做的第一件事便是找人画了一幅白花的肖像，挂在房间的正中央。

究竟是什么动力使维斯利伯爵等到 51 年后释放他的那一天呢？维斯利伯爵克服萎靡不振情绪和一定要活下去的信心的支点，就是他那只小猫——白花。

读到这样的故事，难道还有什么样的萎靡不振的情绪能束缚人的一生吗？

一个萎靡不振的人，举止必然呆钝，毫无生气，做起任何事情来都会弄得乱糟糟的，没有结果。他的身体就像没有骨头似的，总是东倒西歪，处处都显得糊涂错乱，呆头呆脑，没有精神——这是一个人最大的生存危机之一。

萎靡不振是一个人需要克服的危机之一，对及时决策和行动会产生极大的伤害。有这种习惯的人，一碰到任何问题，总是东猜西想，左估右量，不到火烧眉毛的地步，往往弄不出一个结果来。日子一久，他遇事就不能当机立断，再也不相信自己，同时他原本所具有的一切能力，也就跟着逐渐退化了，结果会使自己的生存危机越来越多。

自然，人常能够看到"先放在一边"和"说干就干"两种不同的做事方法，前者是迟疑不决的表现，是一种危机；后者是果敢行动的表现，是一种生存的优势。

一个没有主意的人，遇到事情总是"先放在一边"，说起话来，总是吞吞吐吐、毫无力量，而且也不大相信自己会做出什么好事情来。反之，意志坚强的人则能做到"说干就干"，遇事很快就会拿定主意，并有坚强的自信。如果遇见这种人，一定会觉得他全身都充满了活力，处事是如此勇敢果断，只要自己认定是对的，就大声地说出来，遇到应该去做的事，就努力去做。

对于任何工作，人们应该拿出所有的力量和精神，即使是写信、打杂等琐事，也应聚精会神去做，同时只要打定主意，就应立刻去做。否则，一旦养成一种推迟延误的习惯，一生可能都不会有希望了。

世上有多少人，都埋怨自己时运不济，为什么人家会成功，自己却一点着落也没有。其实，他们不知道造成失败的主要原因是他们自己，是他们自己不肯把全部精神贯注到克服自身危机中去。他们没有伟大的志向，也不想排除任何妨害事业成功的障碍物，他们也没有把全身的精力汇集起来，使之成为一股强大的优势力量。

一个萎靡不振、拖泥带水、随随便便做事的人，永远不可能有克服自身生存危机的希望。只有胸怀大志、肯努力、做事果断、敏捷的人，只有诚恳、热情、有血气、有思想的人，才能克服危机人生。

第三节　做时代的拓路者
——勇于开拓进取

进取的力量能把一个弱者塑造为强者，因为进取能够逼迫一个人做自己极力想做的事，并且浑身充满干劲儿。相反，没有进取心，一个人就会坐以待毙，在自己狭小的圈子中生存，更无法改变自己缺乏进取心的危机，导致一场场挫败。

进取心可以创造机会

在这个世界上，轻言放弃者比比皆是，他们不能像松下幸之助一样有一颗进取之心。

日本松下电器公司总裁松下幸之助，年轻时家庭生活贫困，必须靠他一人养家糊口。有一次，瘦弱矮小的松下到一家电器工厂去谋职。他走进这家工厂的人事部，向一位负责人说明了来意，请求给安排一个哪怕是最低下的工作。这位负责人看到松下衣着肮脏，又瘦又小，觉得很不理想。但又不能直说，于是就找了一个理由：我们现在暂时不缺人，你一个月后再来看看吧。这本来是个托词，但没想到一个月后松下真的来了，那位负责人又推托说此刻有事，过几天再说吧，隔了几天松下又来了。如此反复多次，这位负责人干脆说出了真正的理由："你这样脏兮兮的是进不了我们工厂的。"于是，松下幸之助回去借了一些钱，买了一件整齐的衣服穿上又返回来。这人一看实在没有办法，便告诉松下："关于电器方面的知识你知道得太少了，我们不能要你。"两个月后，松下幸之助再次来到这家企业，说："我已经学了不少有关电器方面的知识，您看我哪方面还有差距，我一项项来弥补。"

这位人事主管盯着他看了半天才说："我干这行几十年了，头一次遇到像你这样来找工作的。我真佩服你的耐心和韧性。"结果松下幸之助的毅力打动了主管，他终于进了那家工厂。后来松下又以其超人的努力逐渐锻炼成为一个非凡的人物。

在成功者的眼里，失败不只是暂时的挫折，失败还是一次机会，它说明你还存在某种不足和欠缺。找到它，补上这个缺口，你就增长了一些经验、能力和智慧，也就会离成功越来越近。世界上真正的失败只有一种，那就是轻易放弃，缺乏进取。

个人进取心，是实现克服生存危机不可少的要素，它会使你进步，使你受到注意而且会给人带来机会。在那些克服危机者看来，个人进取心可以创造机会。

巴尔塔是一位木匠的学徒，当他被派去建造衣橱时，他的周薪只有400美元。当完工后，看到他的客户对能善于利用空间以及他的手工品质而感到高兴时，巴尔塔想到了一个主意，他用从第一位客户那儿赚到的工资，开了一家加州衣橱公司。

　　巴尔塔就凭着当时深受欢迎的"将拥挤的衣橱，转变成能有效利用的空间"的需求，在 12 年内就成为全美拥有 100 多家加盟店的大企业总裁。也引起其他衣橱制造业者一窝蜂跟进，巴尔塔便在 1989 年，将他的公司以 1200 万美金的价格卖给了威廉斯·索诺马。

　　巴尔塔可以作为一个木匠而感到满足，但他更能认清自己的能力，获得远超过其他学徒梦想的成功。

进取心可以创造财富

在那些克服危机者看来，个人进取心可以创造财富。

　　贝斯和盖斯勒，是 1960 年费城一家电视公司的制作人。他们发现录影带比影片具有更强的市场适应性，虽然他们并非一流的制作专家，但他们决定开创自己的事业。

　　于是他们成立了一家录影公司，由于他们无法制作一流的节目，因此他们决定提供一些其他有价值的服务：他们提供最好的设备和空间，给其他制作公司使用。虽然他们很早就进入这一行，但是他们仍然面临竞争，为了占有市场，他们不惜冒风险和可能没有付款能力的人签约。

　　贝斯和盖斯勒也了解更进一步的道理，他们知道，他们的客户同样必须满足自己的客户，因此除了提供设备空间之外，他们还提供给客户一些最新技术，就像盖斯勒在接受《成功杂志》访问时所说的："我们告诉客户他们可能想都没有想到的技术，他们得到好评，而我们得到付款。"

贝斯和盖斯勒的公司目前除了制作一些表演节目之外，还为录影技术人员提供训练讲座，他们还为一些公司，像IBM、花旗银行等，提供公司内部通讯服务，也就是提供将位于纽约、洛杉矶等不同城市的人员连线以便召开电视会议的服务。

贝斯和盖斯勒，并非是最先洞察视讯系统在未来市场上会拥有一片天空的人，但由于他们有采取行动、制定计划、承担风险和提供他人没有提供的服务的进取心，才使得他们成为这一行的第一人，赢得了生存的优势。

进取心可以创造进步

在那些克服危机者来看，个人进取心还可以创造进步。比如一个人的明确目标可能是有一天自己当老板，但即使目标尚遥远，培养个人进取心还是会为人带来好处的。

艾美是一家子公司的行销策略人员，她看准了该公司视为失败的一项产品：白雪洗发精。它是一种价格低廉而且不含添加剂的洗发精，这种洗发精没有华丽的包装，却能吸引讲究价格的消费者。于是她决定再次为"白雪"全力以赴，并将它再呈给管理阶层，告诉他们"白雪"的价值所在。最后管理阶层接受了她的提议，而"白雪"竟成为该公司销售最好的洗发精之一。

由于"白雪"销售成功，艾美成为一家分公司的负责人。于是，她研创了一系列新的护发产品，而这些产品最后也都成了市场宠儿。

文化与人生——扮靓人生的素养

　　如今艾美已成为布瑞尔通讯的执行副总裁，该集团所从事的正是市场行销服务。由于她不断地以她的个人进取心为公司引进更多更好的产品，故她得到的职位可以说是实至名归。她的公司同样也了解她愿意提供超过她应该提供的服务，哈佛商业学校也颁给她"马克斯和柯恩卓越零售奖学金"，而《美金和意识》杂志称许她为"前一百名商业职业妇女"之一。个人进取心使艾美获得认同、进步和选择工作的机会，赢得了生存的优势。

　　当一个人定出自己明确克服危机的目标之时，就是开始运用个人进取心的时候了。开始执行克服危机的计划，组织智囊团。尽管会发现在这一过程中，克服危机的目标发生一些变化，但最重要的是"马上展开"这一计划。

　　开始一项不甚完全的克服危机的计划，总比拖延行动要好得多，"拖延"是发挥个人进取心的大敌。如果一开始，就让拖延变成一种习惯的话，那么它必将蔓延到日后每一项行动中。

　　尽一切努力使克服危机的计划付诸实现，并从错误中学习经验。别理会那些说这个行动是自毁前程的人的话。当卡内基决定将钢铁的单价，从每吨 140 美元降到 20 美元并以此作为他进入钢铁业的目标时，曾受到许多人的嘲笑。而当卡内基达到他的目标时，那些曾经嘲笑他的人连一毛钱都没有赚到。

　　别让外在力量影响自己的行动，虽然必须对他人的惊讶和面对的竞争做出反应，但必须每天以既定计划为基础向前迈进。用对成功的想象来滋养自己的强烈欲望，让热情燃烧。

　　每当完成一件工作时就应做一番反省——这是所能做到的最好的成绩吗？如何能做得更好？何不现在就使自己更进一步？是否能够发挥个

人进取心，对于每次机会的觉醒程度，以及是否能在发现机会时立即行动而定。

很明显的，个人进取心是一种要求甚多的特质，它的实践需要许多心理资源作为后盾。当进取心处于低潮时，不妨求助于可在其他成功原则中注入新生命力，并且使它们再度发挥作用的一项原理：积极心态。

第四节　梦想是坚持的结果
——肯定自己的梦想

一个人要想克服危机，必须要能做出正确的行为判断，切忌总是怀疑自我。总是怀疑自我，这是一种人性的弱点，也会引发危机——不能集中精力去行事。

有一个年轻人，看见那些企业巨子们的成功，非常羡慕，想成为其中之一。"但我现在就有一辆破车，除此之外，我还能干什么？怎么干？"这个年轻人开始自我怀疑，在曼哈顿酒店里度过了一天又一天，并且有些消沉。终于有一天，这位年轻人带着肯定的态度为自己制定了一个梦想，因为他恰巧碰到了美国汽车工业巨头福特。他特别欣赏这个年轻人的才能，他想帮助这个年轻人实现自己的梦想。可这位年轻人的梦想却把福特吓了一跳：他一生最大的愿望就是赚到 1000 亿美元——超过福特现有财产的 100 倍。

福特怀疑地问他："你要那么多钱做什么？"

年轻人迟疑了一会儿，说："老实讲，我也不希望这样，但我觉着只有这样才算是成功。"

福特说："一个人果真拥有那么多钱，将会威胁整个世界，我看你还是先别考虑这件事吧。"

在此后长达 5 年的时间里，福特拒绝见这个年轻人，直到有一天年轻人告诉福特，他想创办一所大学，他已经有了 10 万美元，还缺少 10 万。福特这时不再怀疑他，开始帮助他，他们再没有提过那 1000 亿美元的事。

经过 8 年的努力，年轻人成功了，他就是著名的伊利诺斯大学的创始人本·伊利诺斯。

生活就是这样，每个人都可能会产生自我怀疑，也会让别人怀疑。但总是自我怀疑是错误的，总是怀疑别人也是错误的。

怀疑使人们背弃自己

"怀疑是我们身上的叛徒。"这句话完全正确。怀疑使人们容易背弃自己试图去完成的事业，背弃所待实现的目标。怀疑更是决心和毅力的杀手，是雄心的敌人，是希望和计划的破坏者。

人类每天必须面对的最阴险的敌人之一就是自我怀疑。在人生的每个转弯处，怀疑都会阻挡人们的去路，甚至在我们已经踏上某条大道之后，仍会在后面晃着他那丑恶的脑袋嘲弄人们。

"怀疑是我们身上最可耻的叛徒，"莎士比亚说，"当我们总是怀疑某种获得优势的尝试是否可行时，我们也就失去了那本该获得优势的机会。"

很多人可能都曾有过这样的经历：头脑中树立了去承担某项任务的决心后，一旦怀疑悄悄地出现，并开始占据心灵，它就会削弱人们的雄心，情绪就会慢慢被怀疑主导，决心也就会开始动摇。怀疑常常对人们说："慢慢来，不要着急。现在可不是着手进行这项任务的恰当时机，还是等待一个更为合适的机会吧！"于是那些人们在生活中早已期待的事情，那些人们早已确信完全可以取得巨大成功的事情，就因此而永远不会真正开始。人们开始怀疑并不停地等待，直到完全丧失掉做这件事的勇气，自然就会挫败。显然这是一种最大的心理危机。某些人总是对自己能否完成已经承担的任务表示怀疑，他们总是在怀疑应该做这个还是应该做那个。那些犹豫不决的人就像漂流在海上的一叶小舟，是永远不会到达任何地方的。他们从不会朝着一个确定的港口航行，他们只是在漂流，随着海浪漂流而已。

有许许多多的人本来可以获得巨大的成功，但仅仅因为他们的怀疑和恐惧，使他们失去了完成事情的信心。这样，他们实际上就已经失败了。

信心是心灵的国王

要克服这种怀疑心理，只有一个办法，那就是树立一种完全不同的信念：相信自己能够完成任何想完成的事情，并且坚信该项任务值得自己为此付出努力。

华纳四兄弟是补锅匠的儿子，他们以小生意起家，并开过一家自行车行。1904 年，四兄弟搞到一架电影放映机，并且从此开始了电影生涯。当时有很多人怀疑他们能否成功。

起初，他们连自己的影院都没有，就只有那一架电影放映机和一部拷贝。由于当时还是无声电影时代，放映时，就由他们的妹妹弹钢琴，由四兄弟中最小的杰克伴唱，此后，随着资金的增长，他们与别人交换影片，并进而成为影片发行商。

1912 年，华纳兄弟迁居加利福尼亚，创建了华纳兄弟影片公司。初建公司时，华纳兄弟几次遭受失败，而且多次损失惨重，但他们仍不改初衷。1927 年，他们终于成功摄制了电影史上第一部有声电影《爵士歌王》。在该影片中，他们巧妙地借片中人物之口说了一句脍炙人口的话："如果你不坚定自己的信心，就会对自己产生怀疑，就决不会听见任何声音……"

一个人希望获得某种事物和准备接受某种事物，这两者是有差别的。一个人除非相信他能得到某些东西，并且产生一种强烈的渴望甚至冲动，否则一旦怀疑它，就无法得到它。

信心是心灵的国王，它可以帮助人们完成那些难以完成的事情。而怀疑却是破坏性的，并会扼杀所有的努力。当一个人的头脑充满怀疑时，他就不可能为此付出最大的努力。许多人尽管受责任感的驱使而去工作，但他们却仍然带着怀疑、恐惧和担忧的心态，这就使他们失去了远大的理想，也使他们缺乏把这件事做得尽善尽美的激励。

可怜的是，种种怀疑正是自己生出来的，自己喂养和照顾着它们，直至它们成为威胁自身生存的"怪兽"。当怀疑要进入人们的思维时，应该向它关上大门，并且设法彻底驱逐它。

当一个人的大脑充满了怀疑时，他还可以做些什么呢？显然，他已经不大可能从事任何建设性的、创造性的事情了。所以必须清除思想中的这个大敌，然后才有可能去做值得做的事情。在对一个问题进行深思熟虑并做出决定之后，千万不要让消极的思想来影响自己的计划，破坏进程。当然，在付诸任何行动之前，应该仔细考虑好事情的方方面面；而在已经做出如何行动的决定后，就绝不要让任何事情挡住自己的去路。按照这一原则坚定地执行下去，历史进程中的所有伟大创造者都是拒绝怀疑的。

当一个人怀疑自己能否做成一件正在努力从事的事情时，是否意识到自己究竟在干些什么？是否意识到，这是在剥夺自己争取成功的资格，正在往自己前进的道路上设置绊脚石，正在驱逐那些原本吸引并属于自己的东西！

每一种怀疑情绪都是一个人希望的磨灭者，志向的破坏者！怀疑情绪使人每次都对消极气馁让路，从而使正在从事的工作变得越来越难，到最后，就根本无法完成已经开始着手的工作了。

相信自己能够克服危机吧！一个人确实具有完成任务的能力，永远不要为恐惧或怀疑心态提供生长的土壤。应保持积极的、富有创造性的信念，相信你必将胜出，最终获得成功。每个人应该总是保持胜利的态度，去预见成功，而不是失败。肯定自己，而不是责备自己。这样，就很容易能受到自我肯定情绪的积极影响，就像家里的孩子一样。不要老是去寻找自己的过失，不要老是责备自己，更不要去贬低自己，而要经常对自己大加赞赏。

那些犹豫不决的人，那些总是左右摇摆的人，那些永远不知道自己真实思想的人，那些不能迅速地、坚定地做出最后决策的人，往往因为他们迟迟不能决定去选择哪一条路，以及他们对事物抱有的怀疑心态，而使他们遭受了的巨大的折磨。

第五节　不做时代的愤青
——锤炼高尚人格

生活中很多烦恼都是因为人们计较得太多，对所谓的仇敌不能坦然相对；对别人施恩后总是不忘要对方报答自己；对眼前拥有的幸福视而不见，总是以为自己不够幸运。一个心存这样想法的人，他的一生绝对不能快乐起来，也很难获得属于自己的幸福。每个人现在需要做的就是——敞开自己的心扉，坦然地面对生活。

享受施与的快乐

如果帮助了别人，希望别人来感恩，那就犯下了一个常识性的错误。

山姆·里博维兹在任法官之前曾经是一个有名的刑事律师，他曾经救过 78 个人的命，使他们不必坐上电椅。你猜猜看，其中有多少人会对山姆·里博维兹心存感激之情，哪怕是寄一张圣诞卡？有多少？一点儿不错，一个也没有！

耶稣曾在一个下午治好了 10 个麻风病人，可那些人中有几个来道谢呢？只有一个。当耶稣转身问自己的门徒："其他 9 个到哪里去了？"结果发现那9个人连谢都没有谢一声就都不见了。

查尔·斯舒万博曾对我讲过这样一件事：有一次他救了一个挪用银行公款的出纳员。那人挪用公款炒股票，舒万博用自己的钱填补了亏空，使其不至于受罚。那位出纳员感激他吗？不错，曾经在很短一段时间里表示过感激之情，但是转过身来就开始辱骂和批评舒万博。

不置可否，人毕竟是人，在其有生之年，恐怕不会有什么根本性的改变。所以何不接受这个事实？为什么不能像统治罗马帝国的那个聪明的奥勒留一样面对现实呢？他曾在日记里写道："今天我要去见那些多嘴的人，那些自私、以自我为中心、不知感激的人。但是我既不吃惊，也不难过，因为我无法想象一个没有这种人的世界。"如果施恩而不图报，那么偶然得到他人的感激，就会有一种意外的惊喜；当然，如果得不到回报，也就不会为此而难过了。

一个纽约女人，她常常因孤独而埋怨，亲戚朋友也没有一个愿意接近她。这并不奇怪，如果你去拜访她，她就会连续几个钟头来不停地诉说自己对侄女有多好，在她们生麻疹、患腮腺炎和百日咳时，她是如何细心地照顾她们。长期以来，她供她们吃用，还帮助其中一个念完商业学校，另外一个也一直住在她家里，直到结婚为止。侄女们有没有来看过她呢？有的，偶尔也会来，但只是为了尽一点责任。她们十分害怕来看望她，因为那意味着必须坐上几个小时，听她唠唠叨叨拐弯抹角地骂人，听她那没完没了的埋怨和自怜的叹息。到了最后，当这个女人无法威逼利诱侄女再来看她时，发明了一种"法宝"：心脏病发作。她真的心脏病发作了吗？的确如此，医生说她有一个"很神经的心脏"，会发生心悸亢进症。但是，医生们同时表示，他们完全无能为力，她的问题完全是情感上的。这个女人真正需要的是爱和关注，可是在她看来却是"感恩图报"。她去要求它，她认为那些是她该得的。正是如此，她可能永远也不能真正得到感恩和爱。世上到处都是类似她这样的女人。她们因为"别人的忘恩负义"、孤独和被人忽视而生病。她们渴望爱，然而，在这个世界上唯一能够被爱的办法，就是不要去苛求，而是付出且不希望得到任何回报。

亚里士多德曾经说过："理想的人，是那种以施惠于人为乐，以别人施惠于己而羞愧的人。表现自己的仁慈，高人一等；接受别人的恩惠，往往低人一等。"

珍惜眼前的幸福

美国飞行家雷根贝克曾经迷失在太平洋里，在救生筏上漂流21天时，他从中得到的最重要的经验是什么。他的回答是："那次经历让我学到最重要的一点就是，只要有足够的水可以喝，有足够的食物可以吃，你就不该再有任何抱怨。"

《时代》周刊曾有篇文章讲到一位士官受伤的故事。他的喉咙被碎弹片击中，输了7次血。他写了一张小条子给医生："我还能活下去吗？"医生回答："可以的。"他又写道："我还能再讲话吗？"医生又回答说，没问题。然后，他再写了一张纸条："那我还有什么可担心的呢？"

生活中的事情，大概有90％都进行得很顺利，只有10％是有问题的。如果想要快乐，人们要做的就是集中注意力在那90％的好事上，不去理会那10％就可以了。如果人们想要烦恼、难过、想要患胃溃疡，我们只要把精力集中在10％的不满意上，而忽略那90％的好事也就可以了。

英国有许多新教堂都刻着"思索并感恩"，这句话也应该铭刻在我们心中，想着所有我们应该感谢的事。

《格列佛游记》的作者斯威夫特可以算得上是英国文学史上最悲观的作家了。他觉得自己根本不该出生，所以生日那天他常穿着黑色的丧服，斋戒一天。可即使是这样一位深陷绝望的人，都没有忘记歌颂快乐的心境所能带来健康的力量。他曾说："世界上最好的3位医生就是饮食有度、保持平静和愉悦的心情。"

叔本华说："我们很少去想我们已经拥有的，却总是想自己还没有的。"这种倾向实在算得上是世上最大的悲剧的根源，它带来的痛苦恐怕比所有的战争和疾病带来的都更大。

居住在新泽西州的约翰·帕玛也差点儿毁了他的家，他曾向人们叙述过他的故事：

> 从军队退伍不久，我就开始自己做生意，我夜以继日辛勤工作，一切进行得都还顺利。可是紧接着麻烦来了，我买不到零件和原料。我因为担心生意支持不下去了而苦恼不已，也从一个正常人变成了个脾气很坏的老家伙。我变得尖酸刻薄，但当时我自己并没有感觉，可现在我明白了，我差点儿因此失去我温暖的家。有一天，我手下一位年轻的伤兵对我说："约翰，你不觉得羞愧吗？看你这副样子，

好像世上只有你一个人有麻烦似的。即使你真的关张一段日子，那又能怎么样呢？等到供货正常以后，你还可以再重新开始呀！你真有许多值得感恩的事，可是你还是整日怨天尤人。天啊，我多想能像你一样。你看看我，我只有一只胳膊，半边脸都伤了，可我从不抱怨。要是你再唠唠叨叨埋怨个没完没了，你不但会丢掉你的生意，还会赔上你的健康、你的家庭和你的朋友！""这些话真如当头一棒，我才体会到自己拥有的已够多了，我当时就决定必须改变，重新活出自我，决不再重蹈覆辙。"约翰说。

你想知道如何把在厨房洗碗这种琐事，变成令人兴奋的经验吗？如果你想的话，推荐你读一读波吉尔·戴尔所著的《我想看到》。这本书的作者是一位失明将近 50 年的老妇人。她在书里写道：

"我仅存的一只眼上布满了斑点，所有的视力只靠眼睛左侧的一个小洞。我看书的时候，必须把书举到几乎贴到脸上，并且左眼不得不斜过去。"但是她拒绝接受别人的怜悯，也不愿享受特殊的待遇。小时候，她想和其他小朋友一起玩游戏，可是她看不到任何记号，所以她就等到其他小朋友都回家了，趴在地上辨识那些记号。她把地上划的记号完全熟记在心后，不久就成了这个游戏的好手。她在家里自学，拿着放大字体的书，靠近脸，近到连睫毛都碰得到书页。她获得了两个学位：明尼苏达大学的学士学位及哥伦比亚大学的硕士学位。她开始在明尼苏达州一个小村庄里教书，到后来升任南达科他州一个学院的新闻学和文学教授。她在那里执教 13 年，还常在很多妇女俱乐部发表演讲，在电台主持谈论图书和作家的节目。她写道："在我内心深处始终不能消除对完全失明的恐惧，为了克服这种恐惧，我只有对人生采取开心近乎天真的态度。"

1943 年，她已经 52 岁，却发生了一个奇迹，极负盛名的梅育医院为她实施了一项手术，使她能比以前看得清楚 40 倍。一个全新的令人振奋的世界展开在她的眼前，即使在厨房水槽边洗碗，对她也是一件非常开心的事情。"我开始玩着洗碗盆上的泡泡，我把手伸过去，抓过一把大大小小的肥皂泡泡，迎着光举起来看，我能看到一道小小的彩虹闪着明丽的色彩幻影。"从水槽上方厨房的窗口望出去，她看到的是："一只鸟儿振动着灰色翅膀飞过积雪。"能有幸亲眼见到肥皂泡与鸟儿，让她在书的最后写道："亲爱的上帝，我不禁低语，我的上帝，我感谢你，我感谢你！"

想想看，为了洗碗时看到的泡沫的色彩，以及飞跃雪地的麻雀，要衷心地感谢上帝！很多健康的人一直生活在美丽的世界中，却不知道去珍惜、去享受，难道不觉得惭愧吗？

所以，如果要想坦然地面对生活，请记住学会珍惜眼前的幸福，而不要总是去想着所谓的烦恼！

第六节　跟上时代的律动
——带着目标上路

有目标的人生才是有意义的人生。什么是应当去做的？什么是不应当去做的？为什么而做？为谁而做？所有的要素都必须是明显而清晰的。

心中要有"指南针"

一个人如果想要改变自己的生存现状、减少自己的生存危机感，在人生定位这个问题上就要有准确的判断，只有在自己最喜欢的"行当"里酣畅淋漓地发挥优势，才能营造人生的成功；否则，入错了行，你就会在很多人面前处于下风，处处感觉到自己处于危机状态。这就是说，要想克服危机，心中要随时有一个"指南针"。

德国法兰克福的钳工汉斯·季默，从小便迷上音乐，他的心中自然就有这样一个"人生指南针"——当音乐大师，尽管买不起昂贵的钢琴，但他最后用纸板制作出了模拟黑白键盘，他在练贝多芬的《命运交响曲》时，竟把十指磨出了老茧。后来，他用作曲挣来的稿费买了架"老爷"钢琴，有了钢琴的他如虎添翼，最后成为好莱坞电影音乐的主创人员。

他作曲时走火入魔，时常忘了与恋人的约会，惹得许多女孩骂他是"音乐白痴""神经病"。婚后，他帮妻子蒸的饭经常变成"红烧大米"。有一次他煮加州牛肉面，边煮边用粉笔在地板上写曲子，结果是面条煮成了粥。

他不论走路或乘地铁，总忘不了在本子上记下即兴的乐曲，当作创作新曲的素材。有时他从梦中醒来，也会打着手电筒写曲子。

汉斯·季默在第 67 届奥斯卡颁奖大会上，以闻名于世的动画片《狮子王》荣获最佳音乐奖。这天，是他的 37 岁生日。

每个人都羡慕那些成功人士所获得的掌声和鲜花，却常常忽略了这些人成功背后的艰辛。每个人出生时的条件并不重要，重要的是拥有去争取真正需要的东西——"人生指南针"。

一个人想要过一个理想完满的人生，就必须先拟定一个清晰、明确的"人生指南针"。

所谓"人生指南针"，就是指人生的目标与理想，而为了达到这个目标，就必须运用合理而有效的克服危机"战术"——为了实现"指南针"而采取的手段。

由于"战略""战术"有时具有特定的意味，有些人以为是为别人而设的，其实是针对自己而言的。这里所说的"指南针"具有理想性和崇高性，而"战术"则具有合理性和实用性——是用正当而合理有效的手段为克服生存危机寻找带有积极和先进的目标。

有了目标，人生就变得充满意义，一切似乎清晰、明朗地摆在每个人的面前。什么是应当去做的，什么是不应当去做的，为什么而做，为谁而做，所有的要素都是那么明显而清晰。

改变像蜗牛一样的行为

"蜗牛行为"是成功学中的一个名词，它指的是没有计划的行动，并且速度慢得惊人，且没有成效。事实上，那些始终不能克服生存危机的人，会经常出现这种"蜗牛行为"，从而消耗了许多精力和时光。这就需要把"时间""计划""方向""目标"引入自己每天的行为中，才能克服危机。

接下来的事例告诉大家一个道理，有计划的行动，分目标去进行，可以成就一个人：

　　1984 年，在东京国际马拉松邀请赛中，名不见经传的日本选手山田本一出人意料地夺得了世界冠军。当记者问他凭什么取得如此惊人的成绩时，他说：凭智慧战胜对手。两年后，他又在米兰获得了意大利国际马拉松邀请赛冠军。当记者又请他谈经验时，他说了同样的话。人们对他所谓的智慧迷惑不解。

　　他在自传中是这么说的："每次比赛之前，我都要乘车把比赛的线路仔细地看一遍，并把沿途比较醒目的标志画下来，比如第一个标志是银行；第二个标志是一棵大树；第三个标志是一座红房子……这样一直画到赛程的终点。比赛开始后，我就以百米的速度奋力地向第一个目标冲去，等到达第一个目标后，我又以同样的速度向第二个目标冲去。40 多公里的赛程，就被我分解成这么几个小目标轻松地跑完了。"在现实中，人们做事之所以会半途而废，这其中的原因，往往不是因为难度较大，而是觉得成功离人们较远。确切地说，我们不是因为失败而放弃，而是因为倦怠而失败。将大目标进行分解，分段完成，在不知不觉中我们就已接近终点。

　　曾有人专门计算过，一个人若能活到 80 岁，那么大约有 3 万天，也就是 72 万个小时左右。但是睡眠将花去 1/3 的时间，娱乐、消遣和其他琐碎的事情又将占去我们 1/3 的时间。因此，我们可以实际拿来行动的时间，不过只有 24 万个小时左右，而如何有效利用这有限的时间，全看自己决定。人生，毕竟每个人只有一次，因此每一分、每一秒都弥足珍贵，不容浪费。

　　平平淡淡地过日子是多数人的生活目标，所以，他们只需要付出每天过日子所必须的精力就可以了。这种缺少目标的生活，不过是看看电视耗费光阴。请铭记在心，不要蜗居在缺少目标的生活中，不然会增加你的生存危机，而不能战胜危机人生。

其实，所谓平平安安的意识正让很多人误入歧途，这就决定了他们满足自我、不敢爆发克服自身危机的愿望。要知道人本身的特点确定了：不论一个人的愿望是什么，只要想成为什么样的人，其就会无意识地、不自觉地向实现愿望的方向运动。

每个人都有成功的潜力，也有成功的机会。以辉煌的成就度过人生也好，还是在挫败的屈辱中熬过人生也好，你所消耗的精力和努力的心血，实际都是一样的。

然而，大多数人所度过的一生是无意义无目标的人生。他们只是日复一日、年复一年地打发光阴，他们除了年龄一天老似一天外，别的什么变化也看不到，他们在自己所建造的牢房里迷惘、焦躁。

人生的挫败者在其一生中从未达到过自我解放，从未做过给自己以人身自由的决断。即使在最自由的环境里，他们也不敢决定自己的人生该如何度过。他们去工作是为了看看世上又发生了什么事情。他们把宝贵的时间和精力都浪费在观看别人如何实现自己的目标上了。

那么，究竟怎样才能进行积极的"克服生存危机的目标设定"呢？其秘诀就在于明确规定克服生存危机的目标，将它写成文字妥善保存。然后仿佛那个目标已经达到了一样，想象与朋友谈论它，描绘它的具体细节，并从早到晚保持这种心情。

你的那部"自我意象"的自动装置，它无法区别出是真正的还是虚假的经验；是"正式上演"，还是"彩排"；是实际中体验的，还是想象的。所以不论你树立什么样的目标，好像那已经成了你生活中的一部分，不知不觉地向那个目标的方向前进。

文化与人生——扮靓人生的素养

　　人具有一种不知不觉地向自己所向往的形象运动的自然倾向。像不知向何处漂泊的小船，风对它们也失去了意义。没有目标的人，犹如没有舵的船。"风吹来，有的船驶向东，有的船会飘往西。它们的航向不取决于风从哪里来，而在于船上的帆张向哪一边。"

　　这与我们的人生是何其相似。在人生的海洋上，流逝的时间像吹到船上的风，能扬起风帆的只有我们自己，谁都无法代替我们去驾驶那只属于自己的小船。

　　别忘记牢牢地把稳船舵。制订了克服生存危机的计划，势必推进它而不摇摆拖曳。一天有一天的目标，即刻行动起来！对确立的克服生存危机的目标，坚定不移地执行到底。只要能够这样每天"彩排"一遍，潜在意识就能自然接受它，一天天向理想的克服生存危机的目标迈进。若不想成为蜗牛，试图有所为，就要在心中树立起一个信念：人生有很多东西是可以放弃的，但万万不可轻言放弃的是为目标而努力。